저자와 상관없이 지식과 정보를 얻기 위해 읽는 책이 있고 그 저자이기에 읽고 싶은 책이 있다. 이 책은 후자다. 30년 넘게 저자의 지근거리에서 사역하면서 참 탁월한 역량을 가진 분이라고 늘 감탄해 왔다. 많은 경우 역량이 좋으면 좋은 성품을 동시에 갖기 어려운데 저자는 늘 같이 있고 싶은 분이다. 은퇴 후에 더 바쁜 이유가 그래서인 것 같다. 더러 역량과 성품을 함께 갖춘 분들이 있지만 저자의 변별력은 사실 방향에 있다고 생각한다. 선교의 방향, 상수를 향한 지속적인 성찰, 진정한 의미의 반추하는 실천가. 그 역량과 성품과 방향이 통합되어 맺은 하나의 열매가 바로 이 책이다. 오래 뒤를 따른 후배로서 한 가지 아쉬움이 있었다. 오랜 성찰로 얻은 특별한 깨달음을 기록으로 남겨 주지 않는다는 아쉬움이었다. 그런데 마침내 책이 나왔다. 이것이 시작이길 간절히 바란다. '어떻게'에 방점을 두고 달려온 한국 선교와 세계 선교가 '선교란 무엇인가?'란 질문에 직면해 있는 지금, 이 책이 선교의 동역자들에게 또 하나의 답이 아니라 성찰의 물꼬를 트는 계기가 되길 바란다.

권성찬 한국해외선교회(GMF) 대표

내가 읽은 복음과 선교에 관한 숱한 책들이 이 한 권 안에 담겨 있다. 이 책은 복음과 선교의 정수만을 농축해 놓은 것 같고, 각 문장에 각주를 달면 몇 권의 책이 될 만큼 알찬 진술들로 가득하여 흡사 압축 파일과 같다. 이 안에는 성경번역 선교사로서 수십 년 동안 현장에서 몸소 체득한 지혜가 담겨 있고, 선교사들의 선교사로서 그간의 선교에 대한 정직한 자기반성이 들어 있다. 군더더기 없는 문장, 에두르지 않는 직설, 균형 잡힌 태도, 통렬한 자기비판, 우아한 유머, 예리한 인식, 성경적으로 탄탄한 논지 등 내가 아는 저자와 너무도 닮은 책이다.

노련한 은퇴 선교사가 풍부한 경험을 바탕으로 자기는 못 이룬 성공적(?) 선교를 위한 지침서를 써야 어울릴 것 같은데, 하나님의 선교냐 네 선교냐, 개종이 아니라 회심의 사람이 되게 하는 선교를 하고 있느냐고 물음으로써 선교사들의 간담을 서늘케 한다. 선교지로 '가려고' 하기 전에 예수를 '따르는' 제자인지를 살피라는 말로 선교사 지망생들의 발목을 잡는다. 선교에 꽤 큰 비중을 두고 있는 교회에게마저 선교하는 일보다 선교적 존재가 되는 것이 우선한다는 말로 불편함을 준다. 복음은 하나님의 사랑의 소식이며, 그 하나님의 사랑을 피조물이 감지하고 누릴 수 있도록 하기 위한 하나님의 번역 방식이 그리스도이며, 따라서 선교는 성경만이 아니라 성경이 계시하는 그리스도를 삶으로 번역하는 일이라고 말함으로써 성육신적 선교를 진정성(authenticity)과 가시성(visibility)을 요청하는 포스트모던 시대의 선교적 전략으로 제시하고 있다.

이 한 권의 책으로 하나님 나라와 하나님의 선교를 모두 일목요연하게 정리하기에 충분하다는 것은 이미 이 원고를 가지고 소그룹을 수차례 인도한 나의 경험이 증명한다. 나는 이 책의 증인으로 살았고, 또 앞으로도 가장 열렬한 증인 가운데 하나가 될 준비가 되어 있다.

박대영 광주소명교회 책임목사

개론은 대가에게 배우는 것이 맞다. 하나님의 선교에 대한 갖가지 논의들이 활발하게 소개되는 것은 반가운 일이다. 그러나 한국인에 의한 개론적인 안내는 아쉬웠다. 이 책은 성경의 큰 흐름에서 하나님의 뜻을 헤아리는 거시적 안목과 미시적 세밀함을 동시에 갖추고 있다. 성경번역에 평생을 바치며, 한 언어에서 다른 언어로, 한 문화에서 다른 문화로 뜻을 옮기는 작업을 하는 과정에서 얻은 섬세함이리라! 텍스트의 엄밀성에 천착하면서도, 다른 해석에 열려 있는 신중함이 돋보인다. 논쟁적인 주제들에 대해 명확한 입장을 제시하면서도, 겸손하고 진중한 태도를 견지하는 것이 놀랍다.

우리가 맞이하는 후기 세속화 시대는 종교와 전통적 가치가 일방적으로 외면되는 시기는 아니다. '진정성'이 요구되는 시기다. 신박한 프로그램으로, 혹은 좋은 일을 많이 한다는 이미지 전략으로 교회가 뭔가 할 수 있을 것이라는 유혹에 저항하고 싶은 이들, 근본으로 돌아가고 싶은 이들에게 좋은 출발점이 될 것이다. 구체적인 선교의 과제에 대해 무엇을 말하든, 두고두고 다시 꺼내어 곱씹어 볼 만한 책이다.

박영호 포항제일교회 담임목사, 『우리가 몰랐던 1세기 교회』 저자

평소 저자의 행동과 어떤 선택들에 대한 자연스런 관찰을 통해 들려온 메시지는 '섣부르게 판단하거나 주제넘게 굴지 말고 성경이 뭘 말하는지 제대로 귀 기울이자'는 거였다. 그가 성경에서 발견하고 있는 가르침들 중 나에게 와닿은 내용은 다음과 같다. '하나님의 주권에 함부로 손가락 얹지 말자, 하나님의 통치에서 교묘하게 비껴서서 종교적 야망으로 스스로 일구려는 패거리 집단을 지극히 경계하자, 의심과 두려움에서 촉발하는 간교한 야망을 분별하고 온 세계를 향한 하나님의 사랑의 목양에 조심히 참여하자, 사람을 완고한 종교적 편견으로 굴레 씌우지 말고 그 사람 본연의 모습으로 하나님의 사랑과 공의의 다스리심 앞에 서게 하자, 그리스도를 향할수록 세상살이에 자연스러운 동시에 저항적인 길이 펼쳐질 수밖에 없다는 걸 기억하자' 등이었다.

평소 저자의 삶을 통해 알려진 이런 메시지들이 이 책에 자연스럽게 스며들어 있어 익숙했고 반가웠고 고마웠다. 저자를 통하여 사람과 교회와 선교와 세상과 하나님 사이의 통전적이고 통섭적인 많은 이야기를 듣는 동안 뜻깊은 통찰들을 많이 배울 수 있었다. 선교의 본질을 담은 시선에 목마른 모든 이들에게 이 책을 외쳐 추천하고 싶다. 얼마 전 한 선교사로부터 들은 이야기가 열흘째 가슴 한쪽을 채운다. "우리가 사랑이 없지 전략이 없는가?" 만물의 존재 이유와 목적이 되는 '하나님의 사랑' 안에 이미 타자성과 확장성이 있어 사랑이 되고, 그 유일한 사랑에 담긴 타자성과 확장성이 자연스럽게 '선교'라는 제한적인 용어로 우리에게 왔다. 이제 십자가의 사랑으로 사랑을 얻고, 십자가의 신뢰로 신뢰를 얻으시는 하나님께서 영원히 옳으시다는 그 진실 곧 하나님의 영광에, 이 책을 여러 번 읽고 또 읽으면서 더 조심스럽게 담대히 뛰어들고 싶다.

정갑신 예수향남교회 담임목사

**하나님 나라와
하나님의 선교**

IVP(InterVarsity Press)는
캠퍼스와 세상 속의 하나님 나라 운동을 지향하는
IVF(InterVarsity Christian Fellowship)의 출판부로
생각하는 그리스도인을 위한 문서 운동을 실천합니다.

하나님 나라와 하나님의 선교

정민영

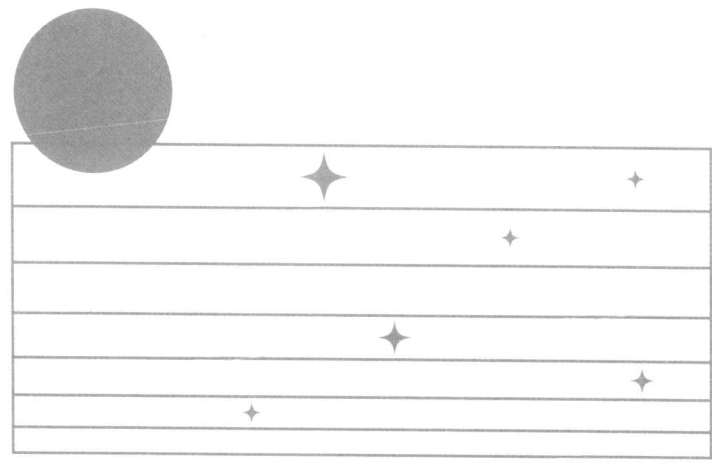

교회와 선교의 방향을 묻는 이들에게

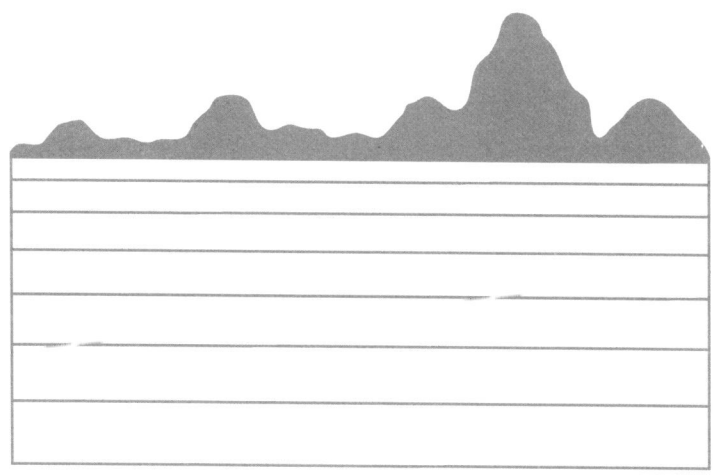

IVP

차례

들어가는 말　11

1장　선교의 하나님, 하나님의 선교　17
하나님으로부터 시작되는 선교　19
하나님의 영광을 위한 선교　21
해답 신학 아닌 관계 신학　25
신본주의 관점으로 성경 읽기　31
사례: 신본주의 관점으로 다시 읽는 이사야 43장　35
바울이 정의한 신본주의 복음　40

2장　신본주의 종교, 하나님 나라 복음　47
신본주의 구원론: 창조주의 영광 회복을 위한 주권적 개입　49
하나님께 합당한 예배를 위한 그분의 열심　54
보혈의 가치와 목적에 부합한 선교적 공동체　59
하나님 나라 복음: '천당 가기' 아닌, 하나님의 통치　62
하나님 나라: 예수님의 지상 사역과 부활 후 메시지의 핵심　68
주권 구원　71
하나님 나라를 향한 회심　74

3장　하나님 나라를 향한 선교　85
회심을 지향하는 선교　87
나사렛 선언: 메시아의 사명 선언문　89
메시아의 초림과 재림: 하나님 나라의 점진적 성취　94
선교, 하나님 나라의 위임령　97
하나님의 주권에 속한 대위임령　100

하나님의 신실하심에 기대는 믿음　103
피해야 할 두 극단　107
하나님 나라를 구하는 기도　111
반전의 메시아, 십자가의 역설　115
세계관과 하나님 나라　118

4장　선교적 계시, 선교적 교회　129

계시 종교　131
선교의 하나님, 선교적 계시　134
부활하신 주님과 함께 성경 읽기　136
계시자의 의도를 분별하고 깨닫는 말씀 묵상　141
선교적 교회론: 그리스도와 교회의 불연속성과 연속성　146
바울의 선교적 성경 읽기　151
선교적 존재, 선교적 사명　153

5장　그리스도 닮는 성육적 증거 공동체　161

존재의 모델 그리스도　163
사역의 모델 그리스도　167
성육신의 두 원리　171
언어(증언)에 경도된 현대 교회　178
탈종교 시대와 선교적 통전성　183
소금으로 빛으로　191

나가는 말　201

일러두기
본문에 인용한 성경 구절은 특별한 표기가 없는 경우 개역개정을 사용하였습니다.

들어가는 말

이 책은 2022년 한 지역 교회의 요청에 따라 선교의 개념을 성경적, 신학적으로 정리해 본 일련의 선교 강좌에 기초한다. '성경적, 신학적'이란 표현을 오해하지 말기 바란다. 개혁주의 신학자 R. C. 스프라울(Sproul)의 말을 빌려 보겠다. 그는 자신의 저서 『모든 사람을 위한 신학』(Everyone's a Theologian, 생명의말씀사)에서 전문 성경학자나 신학자는 아닐지라도 모든 그리스도인은 하나님의 말씀을 꾸준히 묵상하고 방대한 계시의 큰 그림을 점진적으로 깨달아 가는 성경적, 신학적 학습을 평생 지속해야 한다고 주장한다. 나 또한 이러한 여정에 동행하는 신앙 공동체의 일원으로서 책을 썼다는 말이다. 세계 선교라는 거대한 물결의 작은 지류를 한시적으로 경험한 평범한 그리스도인의 시각으로 그간 배우고 깨달은 바의 일부를 정리해 본 것이라 할 수 있다.

원고를 쓰는 동안 어떤 유형의 책인지 묻는 이들이 더러 있었다. 선교에 관한 전문 서적이나 선교 관련 주제의 설교, 또는 선교적 경험을 나누는 간증은 아니다. 일천한 경험을 간증 형태로 나눌 의도는 애초에 없었고, 언감생심 독자에게 선교를 한 수 가르치겠다는 치기는 더욱 없다. 따라서 다양한 선교신학적 논의를 끄집어내어 비평을 시도하지 않았으며 각주를 달지도 않았다. 그게 과하면 독서의 흐름을 방해할 수 있기 때문에 꼭 필요한 경우에만 출처를 밝혔다. 한글 번역본에서 인용하는 경우 책에 실린 내용 그대로 옮기는 게 원칙이지만, 필요에 따라 원문의 의미를 더 잘 살리기 위해 직접 번역해서 인용한 경우도 간혹 있음을 밝힌다.

굳이 이 책의 특성을 정의한다면, 일종의 비빔밥이나 퓨전 음식 정도로 비유하는 게 맞겠다. 내가 세계 선교 운동에 참여한 이래 끊임없는 시행착오의 여정을 통과하며 겪어 온 경험과 깨우침, 그리고 수많은 컨설테이션과 포럼 및 다양한 독서를 통해 형성된 선교적 틀을 담아 보려 노력한 글이기 때문이다. 여러 식재료 중 여전히 선명한 형태를 유지하는 것도 있지만, 이미 화학적으로 융합되어 정확한 레시피를 밝히기 힘든 경우도 더러 있음을 밝힌다.

1970년대 중후반에 시작된 한국 교회 선교 운동의 첫 물결에 몸을 던진 이래 긴 시간이 흐르는 과정에서 선교에 관한 나의 관점이 많이 바뀌었다. 이 책은 2024년 현 시점에서 내가 깨닫고 이해한 선교를 그린 스냅사진인 셈이다. 따라서 여전히 유동적이고 미흡하다. 어차피 이 세상에 머무는 동안 완성된 보편 신학은 없다. 지금은 청동 거울로 보는 것처럼 희미하고 부분적이지만 직접 얼굴을 대면하듯 분명하고 온전한 깨달음에 이를 종말적 완성(고전 13:12)을 소망하며, 각 시대의 교회와 그리스도인은 복음과 선교의 온전한 이해를 향한 성숙의 여정을 충실히 걸어가야 한다.

그렇다고 모든 변화가 좋은 건 아니다. 변수가 상수를 대체해서는 안 되고, 상수에 기반한 변수라야 바람직하다. 현대 교회의 변질된 모습에 실망한 이들이 제도 교회를 잠시 떠나는 '가나안 교인' 현상은 이해할 수 있다. 하지만 소위 '신앙의 해체' 또는 '역(逆) 회심'과 같이 아예 믿음을 떠나는 흐름은 함량 미달인 제도 교회(변수) 때문에 진리(상수) 자체를 버리는 안타까운 오류다. 이 세상에 존재하는 제도 교회는 항상 불완전하다. 그래서 우리에게 거룩한 현상 불만이 필요한데, 그것은 신앙의 해체(deconstruction)가 아니라 진리에 기반한 재구성(reconstruction)으로 이어져야 한다. 500년 전 종교개혁자들이 당시의 타락한 로마 교회라는 시대적 변수에 항거하고 이탈하기도 했지만, 신앙의 해체가 아니라 '오직 성경으로'(*Sola Scriptura*)라는 성경적 상수를 회복하는 노력을 통해 교회를 개혁한 역사적 교훈을 잊지 말아야 할 것이다.

선교 운동도 같은 원리를 따라 건강한 변화가 일어나야 한다. 현대 교회의 선교 운동에 대한 정직한 평가가 필요한데, 부정적 모습에 실망해서 선교 자체를 해체하는 어리석은 결말에 빠져서는 안 될 것이다. 선교에 대한 성경적, 신학적 관점의 바람직한 변화는 통시적 신앙 공동체가 검증하고 물려준 유산과 연속선상에서 일어난다. 역사적 교회와 단절된 불연속적 변화는 다양한 이단 운동의 특징이다. 비록 체계적 연구를 거친 학술서는 아니지만, 나의 깨달음이 근본 없는 주관적 뒤틀기로 전락하지 않고 선교 공동체의 이해와 본질적으로 중첩되는지 지속적으로 거듭 확인하는 노력이 있었음을 밝힌다. 문맥에 따라 다양한 믿음의 선진을 거론하거나 인용한 것도 그러한 노력의 일환이다.

제목에 담긴 두 핵심 개념, 곧 '하나님 나라'와 '하나님의 선교'와 연관된 주제들이 각 장에서 반복적으로 등장하는 점에 대한 양해와 인내를 바란다. 핵심 개념의 반복이 효과적 학습의 원리라 믿기 때문이다. 새로운 개념을 배울 때뿐 아니라, 그릇된 지식을 비워 내고(unlearn) 바른 내용으로 채우는(relearn) 학습은 긴 호흡과 일관성을 요구한다. 일관된 토대 위에서 각 장의 초점이 점진적으로 이동하는 빌드업 방식이 이 책을 통해 나누고자 하는 선교적 관점을 전달하는 데 효과적일 거라 생각했다.

이 책은 총 다섯 장으로 구성되는데, 각 장은 그다음 장의 논리적 토대를 제공한다. 1장은 선교가 우선 교회나 선교 단체의 일이라기보다 '선교의 하나님'이 주도하시는 '하나님의 선교'라는 가장 근원적 기초를 다진다. 그것은 2장의 주제, 즉 기독교가 인본주의 종교 아닌 신본주의 종교라는 개념으로 이어지는데, 만유의 주재이신 하나님의 통치권을 회복하시려는 '하나님 나라 복음'이 그 핵심이다. 따라서 3장은 멸망하는 인류를 긍휼히 여겨 구원하는 차원을 넘어 하나님 나라를 추구하는 선교적 지향성을 다룬다. 결국 하나님의 계시인 성경은 '선교의 하나님'의 '선교적 계시'인 셈이고, 신앙 공동체는 필연적으로 '선교적 교회'임을 4장에서 살핀다. 1-4장이 선교의 정의(what)와 근거(why)를 다룬다면, 마지막 5장은 신앙 공동체가 선교적 부르심을 어떻게(how) 감당하는 게 성경의 가르침인지 논한다. 우리 존재와 사역의 모델이신 그리스도를 닮는 성육적 증거 공동체가 바로 그것이다. 각 장마다 거론한 내용을 말미에 간략히 요약했고, 핵심 개념을 지속적으로 반추하는 데 도움이 될 만한 단상과 질문을 제시했으니 개인 묵상이나 소그룹 토론에 활용하길 바란다.

앞에 언급한 선교 강좌를 글로 정리해 보도록 권면해 준 IVP 편집부에 먼저 감사드린다. 그 격려가 없었다면 이런 책을 쓸 엄두조차 나지 않았을 것이다. 또한 부족한 초고를 검토하고 투명한 비판을 아끼지 않은 권성찬 한국해외선교회(GMF) 대표와 정갑신 예수향남교회 목사, 그리고 박대영 「묵상과 설교」 편집장께 감사드린다. 세 분은 오랜 기간 나와 동행해 온 학습 공동체의 지체로서 복음과 교회와 선교의 본질을 성경적, 신학적으로 함께 고찰하고 치열하게 고민하면서 허심탄회한 대화와 격려, 그리고 책망까지도 서슴지 않은 믿음의 동지들이다. 한편, 원고를 꼼꼼히 읽고 솔직하게 평가해 준 반세기 동지 아내에게도 감사와 사랑을 전한다. 아울러, 분주한 시간을 쪼개서 원고를 읽고 기꺼이 추천의 글을 써

주신 포항제일교회 박영호 목사께 깊은 감사와 존경의 마음을 전한다. 이 부족한 책이 하나님의 선교를 더 넓고 깊이 배워 가는 독자의 여정에 유용한 작은 디딤돌이 되길 바란다.

2024년 세초에

1장
선교의 하나님, 하나님의 선교

"선교는 우선적으로 교회의 활동이 아니라 하나님의 속성이다.
하나님은 선교의 하나님이시다."
—데이비드 보쉬

"살아 계신 하나님은 선교의 하나님이시다."
—존 스토트

하나님으로부터 시작되는 선교

선교의 출발점은 하나님이시다. '교회의 선교'라는 표현이 잘못은 아니지만, 선교의 원천은 교회나 선교 단체 또는 선교사가 아니라 하나님이시라는 의미다. 교회의 선교는 독자적 행위가 아니라 하나님의 선교로부터 흘러나오는 것이고, 또 그래야 제대로 된 선교라 할 수 있다. 선교학에서 자주 사용하는 라틴어 명사구 '미시오 데이'(missio Dei)는 '하나님의 선교'로 번역할 수 있다. 역사적 교회가 이 개념을 사용한 기록은 1,600년 전 북아프리카에서 활동한 라틴 교부 아우구스티누스(Augustine of Hippo)로 거슬러 올라가는데, 13세기 신학자 토마스 아퀴나스(Thomas Aquinas)가 그 개념을 삼위 하나님의 선교로 정리했다고 한다. 성부 하나님이 성자 하나님을 세상에 보내시고 이어서 성령 하나님을 보내신 것인데, 놀랍게도 교회를 '그리스도의 몸'으로 부르시고 삼위 하나님의 선교에 동참하도록 초청하신 것이다.

앞에 인용한 남아프리카공화국 신학자 데이비드 보쉬(David Bosch)의 말에 선교가 '하나님의 속성'이라는 표현이 있는데, 하나님의 하나님 되심을 생각할 때 그분은 필연적으로 선교의 하나님이시라는 의미다. 다시 말하자면, 선교는 우선적으로 교회론이나 구원론에 기반하기보다 신론, 즉 삼위 하나님의 속성에서 나오는 것이다. 선교의 초점이 단순히 교회의 확장이나 인류의 구원에 머무는 게 아니라, 온 세상을 창조하시고 다스리시는 하나님의 속성을 드러내는 개념이 곧 선교인 것이다. 그분은 특정 지역이나 종족 집단에 국한되는 잡신이 아니라 만유의 하나님이시기 때문이다.

함께 인용한 영국 신학자 존 스토트(John R. Stott)의 말도 보쉬의 견해와 맥을 같이한다. 선교의 이론과 실제를 잘 정리하여 지구촌 곳곳에서 선교 교육 교과서로 널리 사용되고 있는 『퍼스펙티브스』(Perspectives on the World Christian Movements, 예수전도단)의 첫 번째 글은 스토트가 쓴 "살아 계신 하나님은 선교의 하나님이시다"이다. 성경이 계시하는 하나님을 형용할 수 있는 수많은 표현, 예컨대 사랑의 하나님, 공의의 하나님, 진리의 하나님, 만군의 하나님, 이스라엘의 하나님 등이 있지만 '선교의 하나님'이 하나님의 하나님 되심, 즉 하나님이 만유의 주재(主宰)이심을 가장 잘 드러내는 표현 중 하나라는 의미다. 만유의 소유권과 만사의 주도권이 인간이 아닌 하나님께 있다는 개념은 사실 성경 전체의 일관된 시각이다. 바로 그 하나님이 친히 성경에 계시하신 그분의 영원한 뜻을 그분의 열심으로 이루실 것이다. "이는 남은 자가 예루살렘에서 나오며 피하는 자가 시온산에서 나올 것임이라. 만군의 여호와의 열심이 이를 이루시리이다"(사 37:32).

하나님의 영광을 위한 선교

그렇다면, 선교를 통해 하나님이 궁극적으로 추구하시는 목적은 과연 무엇인가? 그것은 인간의 원죄와 그 결과 망가진 피조 세계 때문에 실추된 하나님 영광의 회복이다. 하나님의 영광이 인간의 죄와 타락으로 훼손될 수 있는지 여부가 종종 신학적 논쟁거리가 되곤 한다. 나는 두 입장 모두 충분한 근거가 있는 주장이라 생각한다. 어느 쪽 해석이 맞는지 분별하고 취사선택해야 할 주제가 아니라, 동일한 이슈를 다른 각도에서 보는 입장을 둘 다 품을 수 있다는 의미다. 한편으로는, 세상 어느 누구의 어떠한 훼방도 절대자의 권위와 영광을 훼손할 수 없는 게 사실이다. 절대적 존재로서 하나님의 하나님 되심은 피조 세계의 상황에 따라 좌지우지되지 않는다는 말이다. 탕자가 아버지를 배신하고 방탕한 삶에 빠져 부자 관계를 부인한다 해도, 아버지라는 정체성이 바뀌거나 그 권위가 사라지는 건 아니다.

그런데 하나님의 영광이 훼손되는 것은 창조주 하나님과 피조물의 관계 차원에서 발생한다. 마땅히 하나님을 높이고 예배해야 할 피조 세계가 타락으로 인해 그분을 부정하거나 심지어 욕되게 한다는 점에서 하나님께 합당한 영광이 훼빙을 받는 것이나. 바울은 로마서 서두에서 이에 대해 잘 설명한다. "하나님을 영화롭게도 아니하며 감사하지도 아니하고 오히려 그 생각이 허망하여지며 미련한 마음이 어두워졌나니, 스스로 지혜 있다 하나 어리석게 되어 썩어지지 아니하는 하나님의 영광을 썩어질 사람과 새와 짐승과 기어다니는 동물 모양의 우상으로 바꾸었느니라"(롬 1:21-23).

하나님의 영광이라는 궁극적 지향성은 선교의 동기가 단순히 멸망하는 불쌍한 사람들을 긍휼히 여겨 구원하는 차원에 머물기보다 그 일을 통해 하나님의 영광이 회복되고 완성되는 데 초점이 맞춰져야 함을 가르친다. 선교의 주도권뿐 아니라 선교의 목적도 피조물이 아니라 창조주에 맞춰져야 하는 이유다. 조지 피터스(George Peters)의 말대로 "하나님이 주도하시는 선교의 목적은 성부, 성자, 성령의 영광이다."

인간의 속죄에 초점을 맞추는 구원론을 넘어 하나님의 영광을 지향할 때, 건강한 선교 개념이 정립되고 칭의와 성화를 아우르는 통전적 구원론을 이해하게 된다. 전도나 선교를 단순히 종교 행위로 규정하고, 예수 믿어 구원받는 것을 그 목적으로 제한하지 말아야 할 이유를 주님은 공생애 초반부터 분명하게 가르치셨다. "너희 빛이 사람 앞에 비치게 하여 그들로 너희 착한 행실을 보고 하늘에 계신 너희 아버지께 영광을 돌리게 하라"(마 5:16). 이 짧은 구절이 증인의 자질과 증거의 방도, 그리고 추구하는 결과를 함축적으로 담아낸다. 예수님의 제자 베드로도 동일한 관점을 가르친다. "너희가 이방인 중에서 행실을 선하게 가져 너희를 악행한다고 비방하는 자들로 하여금 너희 선한 일을 보고 오시는 날에 하나님께 영광을 돌리게 하려 함이라"(벧전 2:12).

어느 시대나 교회는 부흥을 원하고 부흥을 위해 기도하는 전통을 유지했다. 문제는 부흥을 통해 무엇을 이루려는 것인지 묻지 않는 데 있다. 목적을 규정하지 않은 채 부흥이라는 영적 에너지를 구하는 것은 공허한 기도가 아니겠는가. 2007년 한반도 교회와 세계에 흩어진 한인 디아스포라 교회의 화두는 '어게인 1907', 즉 100년 전 한반도를 휩쓸었던 평양 대부흥운동의 재현을 꿈꾸며 지구촌 한민족 교회가 하나 되어 부흥을 열망하며 하나님께 구하는 것이었다. 그때 한국을 방문한 한 국제 선교 단체의 대표가 따끔한 일침을 날린 비판이 부끄러운 기억으로 남아 있다. "이렇게 밑도 끝도 없는 부흥을 달라고 조르지 말고, 하나님의 뜻을 추구하십시오. 그러면 그분의 뜻을 이루는 데 필요한 부흥을 선물로 주실 것입니다!" 한국 교회에 친숙한 영국의 강해 설교자 로이드 존스(Martyn Lloyd-Jones)도 이렇게 말한다. "부흥을 위해 기도해야 하는 참된 이유는 하나님의 이름이 회복되고 그분의 영광이 드러나기 위함이다."

인간의 구원과 유익을 넘어 하나님의 영광을 추구하는 신본주의가 바로 세상의 인본주의 종교들과 구별되는 기독교의 특성이다. 성경에 기록된 하나님 백성의 역사와 2천 년 기독교 역사는 교회가 끊임없이 인본주의 무당 종교라는 종교적 암흑기로 전락했다가 다시 신본주의 신앙으로 개혁되는 패턴의 반복을 보여 준다.

500년 전 종교개혁자들이 회복한 기독교도 신본주의 종교였다. 흔히 다섯 '솔라'(Sola)로 요약되는 종교개혁자들의 요지 즉, '오직 성경'(Sola Scriptura), '오직 믿음'(Sola fide), '오직 은혜'(Sola Gratia), '오직 그리스도'(Solus Christus), '오직 하나님께 영광'(Soli Deo Gloria) 중 마지막 '오직 하나님께 영광'이 전체를 아우르는 지향성인 셈이다.

수많은 칸타타를 작곡한 종교개혁 시대 음악가 요한 세바스찬 바흐(Johann Sebastian Bach)는 종종 그의 악보 말미에 자신의 이름 대신 "오직 하나님께 영광"(Soli Deo Gloria)을 써 놓은 것으로 유명하다. 하나님이 그에게 음악적 은사를 주신 이유가 자신의 이름을 드러내어 영광을 취하는 게 아니라, 오직 하나님의 영광을 위해 자기 존재와 재능이 드려지는 게 옳다는 신앙고백의 표현이라 할 수 있다.

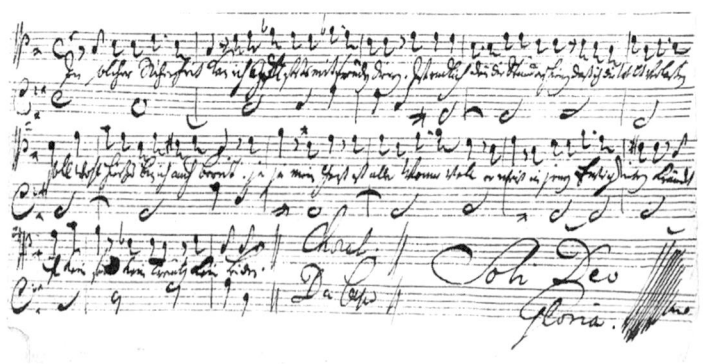

Bach Noten Soli Deo Gloria Stock Photo
http://marc5solas.files.wordpress.com/2012/07/bachsdg1.jpg (public domain).

유럽에서 개혁 운동이 일어나면서 '오직 성경'에 기초한 기독교 바로 세우기 작업이 활발하게 진행되었고, 그 결과 유럽 전역에서 다양한 형태의 신앙고백서들이 작성되어 사용되었다. 그중 영국의 웨스트민스터 신앙고백이 있는데, 한국 교회에서도 세례 및 입교용으로 자주 사용되는 소요리문답 1항에서는 인간의 가장 우선되는 목적이 무엇인지 묻고 하나님을 영화롭게 하는 것을 그 정답으로 제시한다. 하나님이 우리를 위해 존재하시기보다 우리가 그분의 영광을 위해 존재하는 것이다. 이는 창조주와 피조물의 관계를 생각할 때 너무 당연한 논리다.

해답 신학 아닌 관계 신학

인간이 하나님의 영광을 위해 존재한다는 말이 금욕적 고행주의를 의미하는 것은 아니다. 탕자가 아버지께 돌아올 때 참된 평안이 회복되고, 아기가 엄마의 품속에서 진정한 자유와 만족을 누리듯, 인간은 하나님의 자비롭고 공의로운 통치 아래 그분의 영광을 추구할 때 행복과 만족이 극대화되도록 창조되었다. 이것은 기독교가 제의(祭儀) 중심의 율법주의 종교가 아니라, 인간을 하나님의 형상으로 창조하시고 삼위 하나님의 완전한 교제로 초청하시는 사랑의 관계가 그 본질임을 드러낸다. 선교는 무신론과 타종교가 만연한 지구촌 곳곳에 우리 종교를 확장하는 일이 아니라, 열방을 하나님과 사랑의 관계로 초청하는 일이다.

따라서 데이비드 보쉬는 『길의 영성: 모든 그리스도인을 위한 선교적 영성』(A Spirituality of the Road, GMF출판부)이라는 책에서 소위 '물소 신학'(water buffalo theology)으로 유명한 일본계 미국 신학자 코수케 코야마(Kosuke Koyama)의 말을 인용해 신앙의 본질이 '해답 신학' 아닌 '관계 신학'이라고 정의한다. 하나님을 믿는 사람은 종교적 상식에 맞는 삶의 정답을 보상으로 받는 것이 아니라, 다양한 인생 문제의 해답 여부와 무관하게 그분과 사랑의 관계 때문에 만족하는 것이다. 보쉬는 모든 문제의 해답을 제공하는 신을 제시하면 사람들이 환영하지만, 그 순간 그분은 참된 신이기를 그쳐 버린다고 말한다. 그는 나아가, 하나님은 매사에 정답을 주시는 분이 아니라고 배운 젊은이들은 제1차 세계대전의 끔찍한 비극을 통과하면서도 믿음을 지켰지만, 기독교가 모든 문제의 해답을 제공한다고 굳게 믿은 이들은 도저히 납득할 수 없는 처절한 비극을 경험하면서 믿음을 버렸다는 알베르트 슈바이처(Albert Schweitzer)의 기록을 인용한다. 사랑의 관계에 기초하는 신앙은 초상황적이다. 사랑은 "모든 것을 참으며 모든 것을 믿으며 모든 것을 바라며 모든 것을 견디"게 하기 때문이다(고전 13:7). 하지만 해답에 기대면 이해할 수 없는 상황을 만날 때 믿음을 저버리게 된다.

중세 신학자 토마스 아퀴나스는 믿음을 가진 사람에게는 어떤 설명도 불필요하지만 믿음이 없는 사람에게는 어떤 설명도 불가능하다고 말했다. 기독교 윤리학자 스탠리 하우어워스(Stanley Hauerwas)가 극한의 고통과 슬픔을 통과하며 『한나의 아이: 정답 없는 삶 속에서 신학하기』(Hannah's Child: A Theologian's Memoir, IVP)라는 책을 쓴 이유도 동일하다. 욥에게 닥친 엄청난 불행의 이유를 놓고 그의 친구들은 합리적 정답을 찾으려는 선의의 노력을 기울였고, 남편의 불행에 크게 실망한 욥의 아내는 하나님을 욕하고 죽으라고 저주했다. 두 반응 모두 정답 추구의 산물이었다. 그런데 불행을 겪은 당사자 욥이 보여 주는 의외의 반응은 신앙의 본질이 해답이 아니라 관계에 있음을 가르친다. 하나님을 찾지 못한 채 인생 문제의 해답을 얻기보다, 해답을 얻지 못해 문제가 지속되더라도 하나님을 찾는 편이 더 낫다는 아우구스티누스의 고백이 생각나는 신앙의 원리다.

욥이 개인적 불행을 통과하는 경험을 통해 우리에게 믿음의 본질을 보여 준다면, 아삽은 사회적 불의와 연관해서 같은 메시지를 드러낸다. 불의한 자의 형통 때문에 실족할 뻔했던 아삽도 결국 논리적 정답 아닌 하나님과 관계에서 해답을 찾는다. "하늘에서는 주 외에 누가 내게 있으리요. 땅에서는 주밖에 내가 사모할 이 없나이다. 내 육체와 마음은 쇠약하나 하나님은 내 마음의 반석이시요. 영원한 분깃이시라"(시 73:25-26). 한편, 하박국은 국가와 민족, 국제 관계 차원에서 드러나는 불의와 고통의 문제를 통해 동일한 메시지를 던진다. "비록 무화과나무가 무성하지 못하며 포도나무에 열매가 없으며 감람나무에 소출이 없으며 밭에 먹을 것이 없으며 우리에 양이 없으며 외양간에 소가 없을지라도 나는 여호와로 말미암아 즐거워하며 나의 구원의 하나님으로 말미암아 기뻐하리로다"(합 3:17-18).

사랑의 관계를 통해 얻는 보상은 '무엇'이 아니라 '누구', 즉 사랑하는 대상이다. 예컨대, 결혼의 조건은 오로지 사랑이어야 하고 다른 조건이 끼어들어서는 안 된다. 사랑하는 사람보다 그의 배경이나 소유를 추구하는 것은 사랑에 대한 모독이자 사랑하는 대상에 대한 배신이기 때문이다. 사랑의 관계를 통해 하나님은 우리를 얻으시고 우리는 하나님 자신을 얻는다. C. S. 루이스(Lewis)가 '주시는 것'(gifts)이 아니라 '주시는 분'(the Giver)에게, A. W. 토저(Tozer)가 만물의 근원(the Source)이신 하나님에게 시선을 고정하는 이유다. 탕자의 형은 아버지와 친밀한 관계를 즐기기보다 돌아온 아우에게 부친이 베푼 소유, 즉 좋은 옷과 반지와 신발과 살진 송아지에 집착함으로써 실망과 분노에 빠져 관계의 본질에서 벗어났다. 그가 추구한 정답이 아니었기 때문이다. 언약은 복음의 원형인데, 아브람과 언약을 맺으시면서 하나님 자신이 큰 상급이라고 말씀하시는 이유를 이해해야 한다. "이후에 여호와의 말씀이 환상 중에 아브람에게 임하여 이르시되, 아브람아 두려워하지 말라. 나는 네 방패요 너의 지극히 큰 상급이니라"(창 15:1; 렘 2:13).

웨스트민스터 신앙고백 소요리문답의 첫 문항, "사람의 제일

되는 목적은 하나님을 영화롭게 하고 그분을 영원토록 즐거워하는 것"은 바로 그런 관점을 드러낸다. 하나님을 영화롭게 하는 것과 그분을 즐거워하는 것은 동전의 양면처럼 실존적 하나다. 존 파이퍼(John Piper)는 『하나님을 기뻐하라』(*Desiring God*, 생명의말씀사)에서 '기독교 향락주의'라는 역설적 표현을 통해 하나님을 영화롭게 할 때 인간의 기쁨이 극대화되고, 우리가 하나님을 즐거워할 때 그분도 영광을 받으신다고 주장한다. "우리가 하나님 안에서 가장 만족할 때, 그분은 우리 안에서 가장 영광을 받으신다." 그는 더 나아가, 구원에 이르는 참된 믿음의 시금석은 단순한 종교 생활이 아니라 하나님과 사랑의 관계를 누리는 것이라고 말한다. 사랑이 없는 종교 생활은 곧 하나님을 이용하려는 것과 다르지 않기 때문이다.

다소 부적절해 보이는 '향락주의'(hedonism)라는 단어를 굳이 쓸 필요가 있는지에 대해서는 찬반양론으로 갈린다. 그래서 한글판 번역에서는 '희락주의'라는 순화된 표현을 사용했다. 하지만 파이퍼가 그런 표현을 도입한 의도를 짐작할 수 있을 것 같다. 창조주 하나님과 친밀한 관계를 통해 누리는 참된 기쁨을 죄에 오염된 세상이 추구하는 뒤틀린 쾌락과 대조하려는 의도가 포함되었을 것이다. 17세기 프랑스의 철학자 블레즈 파스칼(Blaise Pascal)은 유명한 그의 고백록 『팡세』(*Pensées*, IVP)에서 이 개념을 다룬다. 하나님을 떠난 인간이 경험하는 내적 공허를 채우기 위해 시도하는 모든 세속적 노력은 수포로 돌아갈 수밖에 없는데, 그 무한한 공허를 채울 분은 무한한 존재이신 하나님뿐이기 때문이라고 그는 고백한다. 사실 이런 깨달음은 기독교 역사 전반에 믿음의 선진들의 고백을 통해 반복적으로 드러난다. 아우구스티누스는 유명한 『참회록』(Confessions, 대한기독교서회)에서 동일한 고백을 한다. "당신께서는 당신 자신을 위해 우리를 만드셨습니다. 우리의 마음은 당신 안에서 안식하기 전까지는 편히 쉴 수 없습니다."

따라서 기독교는 인간이 초자연적 힘이나 존재를 이용해서 자신의 뒤틀린 욕심을 채우려는 인본주의 무당 종교가 아니며, 반대로 초월자가 인간을 종교적 노예로 학대하며 절대 복종을 강요하는 광신적 종교도 아니다. 이 세상을 사랑해서 독생자를 보내신 하나님(요 3:16)은 타락한 우리를 회복(구원)하여 사랑의 관계로 돌아오도록 초청하신다. 누가복음에 기록된 그리스도의 탄생 기사가 '하나님께 영광, 세상에 평화'(눅 2:14)로 표현되는 이유다. 탕자의 반역이 사랑의 관계를 깨뜨려 아버지의 영광을 훼손했다면, 회개한 탕자의 귀환은 그 영광스러운 관계의 회복인 셈이다. 하나님의 형상으로 창조된 인간이 그 사랑의 관계로 돌아설 때 하나님의 하나님 되심, 곧 그분의 영광이 회복되고, 그 사랑의 관계를 통해 영원토록 하나님을 즐기는 것이 복음이다. 선교는 바로 '그 복음'을 누리고 유통하는 일이다.

신본주의 관점으로 성경 읽기

15세기에 독일의 요하네스 구텐베르크(Johannes Gutenberg)가 활자를 발명함으로 문서의 대량 출판이 가능해졌다. 이를 통해 오랜 세월 대중에게 닫혀 있던 성경이 모든 사람에게 펼쳐지는 시대가 도래한 것이 종교개혁 운동에 결정적 영향을 미쳤음은 널리 알려진 사실이다. 〈더 북: 성경이 된 사람들〉(The Book)이란 뮤지컬은 종교개혁 500주년을 맞아 성경의 중요성을 다시 부각시키기 위해 광야아트미니스트리가 선보인 작품이다. 2013년부터 10년간 상영된 이 작품은 루터나 칼뱅 등 우리에게 잘 알려진 16세기 종교개혁자들에 앞서 초석을 놓았던 15세기 영국의 종교개혁 운동에 초점을 맞춘다. '롤라드'(Lollard, 독버섯)라고 불린 풀뿌리 종교개혁자들을 새롭게 조명한 이 작품은 14세기 말 옥스퍼드 대학의 존 위클리프(John Wycliffe)가 최초로 번역한 영어 성경을 영국 전역에 퍼뜨려 부패한 중세 교회의 개혁을 이끈 자들에 대해 감동적으로 전해 준다. 이 뮤지컬의 홍보 문구가 "덮으려는 자, 그러나 펼치려는 자"이고, 2017년 1년간 장기 공연한 장소가 대학로 소재 '열린극장'이었다는 사실이 새삼 흥미롭다.

  종교개혁 운동 이전의 그리스도인들은 진리의 말씀을 개인적으로 접할 수 없어서 종교적 특권층인 사제들에게 의존하는 '성경 기근' 현상을 겪었다면, 현대 교회는 성경책이 차고 넘치지만 좀처럼 읽지 않는 '성경 거식증'을 앓는 모순에 빠졌다. 그 해법으로 성경을 매일 읽도록 격려하는 일이 꼭 필요하지만, 신본주의 관점으로 제대로 읽고 묵상하도록 도와주는 일이 병행되어야 한다. 개인이 성경책을 소장하는 호사를 누리지 못했던 예수님 당시의 율법사들 중 구약성경을 아예 통째로 다 외운 경우도 있었지만, 그렇게 성경을 잘 안다는 사람들이 진리 자체이신 그리스도를 알아보지 못했을 뿐더러 핍박하고 죽이는 일에 앞장서서 공모했다는 사실이 우리에게 시사하는 바가 무엇인지 심각하게 숙고해 봐야 한다.

따라서 성경을 열심히 읽는 것도 중요하지만, 어떻게 읽는지는 더욱 중요하다. 예수님은 자신을 시험하려던 율법 교사의 도발에 "율법에 무엇이라 기록되었으며, 네가 어떻게 읽느냐?"(눅 10:26) 되물으셨다. 이는 성경의 내용("무엇이라 기록")을 배워 알아야 하지만, 그 메시지를 어떻게 해석하는지("어떻게 읽느냐?")도 중요함을 시사한다. 중세 교회가 진리의 말씀인 성경을 덮어 두고 종교적 제의에만 몰두함으로 암흑기를 자초했을 뿐 아니라 역사상 수많은 이단 운동이 성경의 아전인수식 해석을 통해 발생했기 때문이다. 예수님의 지상 사역 당시 종교 지도자들과 율법사들이 성경을 읽지 않아서 진리를 거스른 게 아니었다.

또한 헌신된 바리새인이자 성경 박사라 할 만한 바울이 성경의 가르침과 반대로 그리스도의 교회를 핍박했던 흑역사는 '율법의 문구' 아닌 '율법의 메시지'를 올바로 분별하는 일의 중요성을 가르친다. 바울은 다메섹 도상에서 그리스도를 만나고 진리의 성령께서 그의 눈에서 "비늘 같은 것"을 벗겨 내시는 상징적 사건(행 9:17-18)을 겪었다. 회심(metanoia)은 관점의 변화를 가리킨다. 우리가 익히 아는 사도 바울은 바로 회심 이후의 모습임을 기억해야 한다. 같은 맥락에서, 바울은 그의 제자 디모데에게 "너는 진리의 말씀을 옳게 분별하며 부끄러울 것이 없는 일꾼으로 인정된 자로 자신을 하나님 앞에 드리기를 힘쓰라"(딤후 2:15)고 권한다.

기독교가 본질적으로 신본주의 종교이니, 우리는 마땅히 그 관점으로 성경을 읽어야 한다. 문제는 인간의 이기적 죄성이 성경을 읽을 때도 여지없이 작동된다는 점이다. 종교개혁자 마르틴 루터(Martin Luther)는 아우구스티누스를 인용해서 죄성을 따르는 사람을 "자기 자신을 향해 구부러진 자"(homo incurvatus in se)로 정의했다. 이는 아직 성화가 완성되지 않은 우리 모두는 의식적으로나 무의식적으로나 성경 메시지를 자기중심적으로 뒤틀거나 편식하는 경향이 있음을 드러낸다. 자기가 원하는 대로 메시지를 왜곡하거나 듣고 싶은 부분만 취사선택하는 사례가 바로 그것이다. 진리의 말씀을 배우고 깨달아 변화하기보다 성경을 자신의 생각을 뒷받침하는 확증 편향의 도구로 전락시키는 잘못을 범하는 셈이다.

예수님은 산상수훈 중 모래와 반석 기초 비유를 통해 건물을 크고 높게 짓는 것보다 건물의 기초를 제대로 놓는 일이 더욱 중요함을 가르치셨다. 나는 공병 장교로 군 복무를 했는데, 군사 시설 공사 경험을 통해 잘못 지어진 건물을 바로잡는 일이 새 건물을 짓는 것보다 훨씬 어렵다는 사실을 몸소 깨달았다. 전역 후에는 건설 회사에 입사해서 정부로부터 수주한 대규모 단지 건설에 참여하게 되었는데, 한 건축 기사가 설계 도면을 잘못 읽는 바람에 현장에서 가장 큰 건물의 기초 공사를 망치게 되었다. 가능한 대안을 여러모로 강구해 봤지만, 결국 기초와 더불어 그 위에 건설한 구조물을 모두 철거하는 불상사로 끝나고 말았다. 그 일로 해당 기사와 현장 책임자가 퇴사하고 회사는 엄청난 재정적 손실을 감수하게 되었다. 바른 기초 없이 건물을 높이 쌓을수록 도리어 회사에 더 큰 손해를 끼치는 것처럼, 건강한 성경적 기초를 다지지 않는 제도 교회나 선교 외형의 확장은 하나님 나라에 득보다 실이 된다는 사실을 기억해야 한다.

어느 누구도 주관적이고 이기적인 관점으로부터 완전히 자유로워질 수는 없겠지만, 성경의 저자이신 하나님의 관점으로 다가가려는 의도적 노력은 성경 읽기와 해석에 매우 중요한 요소다. 여기에는 그릇된 선입견 내려놓기(unlearn)와 바른 관점으로 다시 배우기(relearn)라는 두 과정의 상호작용이 요구되는데, 기존의 생각을 내려놓기가 훨씬 어렵고 시간도 많이 걸린다. 바울이 다메섹 도상에서 그리스도를 만나자마자 즉시 사역에 뛰어들지 않고 십여 년간 광야와 고향에 묻혀 지내면서 과거의 그릇된 성경 이해와 신학적 관점을 교정한 후 비로소 사역에 임했다는 사실이 선입견 내려놓기가 얼마나 힘들고 더딘지 보여 주는 사례라 하겠다. 오늘날 우리에게 주어진 열세 권의 탁월한 바울서신들은 과거의 그릇된 율법주의적 관점을 내려놓고 새롭게 진리를 터득한 기나긴 여정을 통과한 산물인 것이다.

성경은 우리 삶의 편의를 돕기 위한 실용적 백과사전이 아니라 창조주 하나님의 자기 계시, 즉 하나님이 어떤 분이시고 천지를 창조하신 그분의 의도와 그리스도를 통한 궁극적 목적이 무엇인지 드러내신 계시다. 따라서 인간의 관점(인본주의)이 아니라 하나님의 관점(신본주의)으로 읽어야 한다. 사실 성경뿐 아니라 모든 책 읽기가 그렇다. 독자의 주관적 관점이 아니라 저자가 의도하는 관점으로 책을 읽는 게 상식적인 독서의 원리다. 『목적이 이끄는 삶』(The Purpose Driven Life, 디모데)으로 우리에게 널리 알려진 릭 워렌(Rick Warren)이 기독교는 "당신에 관한 게 아니다!"(It's not about you!)라는 첫 문장으로 책을 여는 이유다. 바로 그 이유 때문에 하나님은 진리의 성령을 우리에게 보내셔서 진리의 말씀을 깨닫도록 조명하시는 것이다.

사례: 신본주의 관점으로 다시 읽는 이사야 43장

우리 가정이 선교적 부르심에 부응하여 한국을 떠난 게 1981년이었으니 그간 꽤 긴 시간이 흐른 셈이다. 오랜 해외 생활을 마치고 귀국하면서 출국 전에 여기저기 맡겨 두었던 짐들을 챙겨 새 거처에 정착하게 되었다. 해묵은 짐의 태반이 다시 사용하기 힘들 만큼 부식하거나 망가졌고, 잘 보존된 물건이라도 그간 세상이 너무 많이 변해서 더 이상 사용할 수 없는 고물로 전락한 경우가 대부분이었다. 선교사 출사표를 던지고 출국하면서 허접한 살림살이 하나도 제대로 포기하지 못한 과거의 어리석은 욕심을 부끄러워하며, 결국 추가 비용을 들여 거대한 쓰레기 더미를 처리하는 것으로 일단락되었다.

먼지가 켜켜이 쌓인 짐들을 정리하던 중 젊은 시절 손때가 묻은 익숙한 성경책이 눈에 띄었다. 반가운 마음에 집어드니 이사야 43장이 펼쳐졌고, 과거에 내 마음에 와닿은 성경 구절들이 울긋불긋한 형광색으로 칠해져 있었다. 당시 나는 어떤 구절들을 왜 좋아했을까? 자신의 과거를 몰래 엿보는 심정으로 훑어보니 맨 먼저 밑줄 그어진 말씀이 2절이었다. "네가 물 가운데로 지날 때에 내가 너와 함께할 것이라. 강을 건널 때에 물이 너를 침몰하지 못할 것이며, 네가 불 가운데로 지날 때에 타지도 아니할 것이요 불꽃이 너를 사르지도 못하리니"(2절).

수많은 그리스도인의 성경책을 살펴보면 아마도 나처럼 2절에 밑줄이 그어지지 않았을까 싶다. 이런 구절을 좋아하는 게 잘못이라거나 유치하다는 의미는 아니다. 하나님이 사랑하시는 자와 동행하시고 해악으로부터 보호해 주신다는 복되고 감미로운 약속의 말씀을 붙잡는 것은 아름다운 모습이다. 하나님이 인간을 '무엇으로부터' 구원하셨는지에 대해서 우리는 자주 질문하는 편이다. 이는 매우 중요한 질문으로, 수많은 간증과 찬송가들은 이 질문과 연관되어 있다. 죄로 인해 영원히 죽을 수밖에 없던 우리를 하나님이 그리스도를 통해 구원하신 사실은 참으로 놀라운 은혜이자 축복이다. 하지만 여기서 물어야 할 또 다른 질문이 있다. 하나님은 '왜, 무엇을 위해' 우리를 보호하시는 것일까? 젊은 시절 나의 성경 읽기에는 이 '목적론적 질문'이 빠져 있었다. 그것은 성경의 궁극적 지향점을 묻는 질문으로, 이 세상에 보냄받아 한시적으로 머무는 교회의 사명 및 목적과 맞닿아 있다.

그날 먼지 더미에 쪼그려 앉아 다시 읽으면서 새삼스럽게 깨닫게 된 이사야 43장은, 감미로운 약속에 앞서 창조주와 피조물의 관계를 상기시키며 전개되는 메시지였다. "야곱아 너를 창조하신 여호와께서 지금 말씀하시느니라. 이스라엘아 너를 지으신 이가 말씀하시느니라. 너는 두려워하지 말라. 내가 너를 구속하였고 내가 너를 지명하여 불렀나니 너는 내 것이라"(1절). 이어지는 말씀, 특히 내가 밑줄 그은 2절에 기록된 복된 약속의 이유는 바로 우리가 하나님의 피조물이기 때문이었다. 하나님이 우리 것이어서가 아니라, 즉 그분이 인간의 유익을 위해 시중드는 잡신이 아니라 우리가 창조주이신 그분의 것이기 때문에 아껴 주시고 보호해 주신다는 논리다. 그림을 그리거나 조각을 빚는 예술가가 자신의 걸작품을 아끼고 보호하는 이유와 유사하다. 그 작품이 예술가의 만족과 영광을 위해 존재하는 것이지, 예술가가 작품을 위해 존재하는 것은 아니다.

이렇듯 창조주와 피조물의 관계를 놓치기 때문에 자꾸만 인본주의적 무당 종교로 전락하는 것이다. 이사야 43장에서도 하나님은 자신이 창조자이시고 우리는 그분의 피조물임을 반복적으로 강조하시는데, 나의 자기중심적 죄성이 그 점을 계속 간과했던 것이다. 이스라엘은 처음부터 하나님의 목적을 위한 그분의 특별한 소유로 구별된 백성이었고(출 19:5), 그 연장선상에 있는 교회는 본질적으로 동일한 부르심을 받은 공동체다(벧전 2:9). '교회'(ekklesia)라는 단어 자체가 '부르심'이란 의미인데, 이는 릭 워렌이 『목적이 이끄는 삶』에 앞서 『목적이 이끄는 교회』(The Purpose Driven Church, 디모데)를 쓴 이유다. 창조의 목적이 하나님의 영광이었고, 재창조 즉 구원의 목적도 하나님의 영광에 있다. "내 이름으로 불려지는 모든 자, 곧 내가 내 영광을 위하여 창조한 자를 오게 하라. 그를 내가 지었고 그를 내가 만들었느니라"(사 43:7). "이 백성은 내가 나를 위하여 지었나니 나를 찬송하게 하려 함이니라"(사 43:21).

창세기 1장의 창조 기사에 "하나님이 보시기에 좋았더라"라는 표현이 반복되고 있음을 주목해야 한다. 예술가와 작품의 관계처럼, 하나님이 천지를 창조하신 것은 그분의 만족과 영광을 위함이었다. 그래서 창조가 진행되는 동안 그분이 거듭 만족하신 것이다. 창조론을 신본주의 관점으로 이해해야 하고, 재창조론인 구원론도 신본주의 관점으로 재정립해야 한다. A. W. 토저는 그의 책 『이것이 예배이다』(Worship: The Missing Jewel, 규장)에서 이렇게 탄식한다. "하나님께 합당한 예배는 오늘날 복음주의 기독교에서 사라진 값진 보석(crown jewel)이다. 우리는 하나님을 예배하기 위해 구원받았다. 그리스도께서 우리를 위해 과거에 하신 일과 지금 하고 계신 일은 모두 이 하나의 목적을 지향한다. 예배는 인간이 존재하는 온전한 이유다. 예배는 우리가 태어나고 다시 태어난 이유다."

따라서 선교의 초점도 단순히 인간의 구원에만 머물러서는 안 된다. 물론 인간의 구원이 중요한 선교적 동인이지만, 선교는 궁극적으로 하나님의 하나님 되심, 즉 그분의 영광을 지향한다. 하나님이 우리를 증인으로 부르신 의도가 바로 거기 있다. "나 여호와가 말하노라. 너희는 나의 증인, 나의 종으로 택함을 입었나니, 이는 너희가 나를 알고 믿으며 내가 그인 줄 깨닫게 하려 함이라. 나의 전에 지음을 받은 신이 없었느니라. 나의 후에도 없으리라. 나 곧 나는 여호와라. 나 외에 구원자가 없느니라. 내가 알려 주었으며 구원하였으며 보였고 너희 중에 다른 신이 없었나니, 그러므로 너희는 나의 증인이요 나는 하나님이니라. 여호와의 말씀이니라"(사 43:10-12). 천상천하 유아독존(天上天下 唯我獨尊)이라는 불교의 고사성어는 사실 하나님에게 적용되는 개념이라 할 수 있다. 유일무이하신 하나님을 온 세상에 알리고 만민이 그분에게 합당한 예배를 올려 드릴 때 마침내 그분의 영광이 회복되는 것이다. 바로 그것이 선교의 이유이자 궁극적 지향이다.

이사야 43장은 속죄론도 신본주의 관점으로 설명한다. 단순히 인간을 위해 죄를 용서하시는 게 아니다. 물론 인간을 사랑하셔서 그리스도를 통한 속죄의 은총을 베푸시지만, 죄로 인해 실추된 하나님의 영광을 회복하는 것이 속죄의 근원적 동인이다. "그러나 나는 네 죄를 용서하는 하나님이다. 내가 너를 용서한 것은 너 때문이 아니다. 나의 거룩한 이름을 속되게 하지 않으려고 그렇게 한 것일 뿐이다. 내가 더 이상 너의 죄를 기억하지 않겠다"(25절, 새번역).

바울이 정의한 신본주의 복음

그래서 바울도 신본주의 관점으로 복음을 정의한다. 바울서신 열세 권 중 복음의 넓이와 깊이를 가장 풍부하게 풀어낸 로마서는 교리에 해당하는 전반부(1-11장)를 신본주의적 찬양으로 결론 맺는다. "누가 주께 먼저 드려서 갚으심을 받겠느냐? 이는 만물이 주에게서 나오고, 주로 말미암고, 주에게로 돌아감이라. 그에게 영광이 세세에 있을지어다. 아멘!"(롬 11:35-36)

피조물인 우리가 하나님을 위해 아무리 대단한 일을 해도 그분을 채무자로 만들 수는 없다. "누가 주께 먼저 드려서 갚으심을 받겠느냐?"(롬 11:35) 그분을 위해 복음 사역과 선교 운동에 헌신하고 '분골쇄신 지사충성'한들 그것이 우리의 공로가 될 수는 없다. 구원은 은혜로 받았지만 사역은 공로라며, 상 받기 위해 열심히 일하자는 '사역 공로론'은 비성경적 주장이다. 우리의 소유뿐 아니라 우리 존재 자체가 창조주의 작품이자 소유이며, 구원뿐 아니라 하나님의 일에 동참하는 특권도 철저히 은혜이기 때문이다. 과거에 복음의 비방자요 박해자요 폭행자였던 자신을 구원하실 뿐 아니라 충성되게 여겨 사도직을 맡기신 은혜에 감격하는(딤전 1:12-13) 바울은 로마서 11장 마지막 절에서 하나님이 홀로 만물을 창조하셨고("주에게서 나오고"), 그분 홀로 만물을 운행하고 계시며("주로 말미암고"), 만물이 오직 그분을 위하고 그분을 향해 존재한다고("주에게로 돌아감이라") 선언한다. 하나님의 선교에 참여하는 것은 공로가 아닌 당위이고 특권이다. "이와 같이 너희도 명령받은 것을 다 행한 후에 이르기를 우리는 무익한 종이라. 우리가 하여야 할 일을 한 것뿐이라 할지니라"(눅 17:10).

신본주의 복음을 정리하지 않은 채 진정한 예배를 논할 수 없다. 예배란 예배자 아닌 예배의 대상에게 무게 중심이 옮겨질 때 비로소 성립되는 개념이기 때문이다. 세상의 모든 타종교는 본질상 인본주의 종교라 할 수 있다 비록 초자연적 존재를 인정하고 기도와 헌금과 경전 읽기 등 기독교와 유사한 제의들이 있더라도, 결국 초자연적 힘을 이용해서 인간의 소원을 만족시키려는 인간

중심적 지향성을 가지기 때문이다. 그래서 단순히 공예배에 참여하면 예배가 성립되는 게 아니라, 인간 중심성을 벗어나 신본주의로 관점이 바뀌는 회심이 선행되어야 참된 예배자가 될 수 있다.

바울이 신본주의적 복음을 정의한 후 로마서 12장에서 참된 예배를 논하는 이유다. "그러므로 형제들아 내가 하나님의 모든 자비하심으로 너희를 권하노니, 너희 몸을 하나님이 기뻐하시는 거룩한 산 제물로 드리라. 이는 너희가 드릴 영적 예배니라"(롬 12:1). 개역개정 성경이 "영적 예배"로 번역한 명사구를 새번역 성경은 "합당한 예배"로, 영어성경 흠정역(KJV)은 "합리적(reasonable) 예배"로 번역한다. 예배를 수식하는 헬라어 단어 '*logiken*'을 문자적으로 '논리적'(logical)이라 번역할 수 있는데, 복음의 신본주의적 성격을 생각할 때 우리 존재와 삶의 주도권을 하나님께 내어 드리는 것이 예배의 올바른 정의라는 의미다.

요약

첫 장은 책 전체의 기초에 해당한다. 성경에 '선교'라는 단어는 없다. 그러나 선교적 개념이 가득하다. 마치 '삼위일체'란 단어는 없지만, 성경 전체가 삼위 하나님을 계시하는 것과 유사하다. 따라서 선교를 단순히 특정 과업으로 설정해서 열심히 많이 하려 하지 말고, 성경이 가르치는 선교적 개념을 깊이 통찰하고 신중하게 담아내야 한다.

선교는 우선적으로 하나님의 하나님 되심에서 흘러나오는 그분의 일이다. 선교를 향한 하나님의 시선은 인간 구원에만 머무는 게 아니라, 타락으로 망가진 인간과 피조 세계의 회복(구원)을 통해 궁극적으로 하나님의 영광이 회복되는 결말을 지향한다. 기독교는 인본주의 무당 종교와 구별되는 '신본주의' 종교다. 따라서 인간의 뒤틀린 욕망을 만족시키려는 인본주의 관점으로 성경을 오남용해서는 안 되고, 계시하신 하나님의 의도와 목적, 즉 신본주의 관점으로 성경을 묵상하고 반응해야 한다.

하나님의 영광을 지향하는 기독교가 고행주의적 율법 종교라는 말은 아니다. 하나님이 그리스도를 보내신 동인이 세상을 향한 그분의 사랑이기 때문이다. 성경은 하나님이 우리에게 보내신 사랑의 편지이고 그 놀라운 사랑의 절정인 그리스도를 계시하는 책이므로, 기독교에 대한 바른 이해는 사랑의 관계로 풀어내는 '관계신학'이다. 살아가며 부딪히는 인생의 다양한 문제에 대해 하나님은 종종 속시원한 해답을 주시지 않고 침묵하시지만, 상황을 초월한 역설적 평안을 누릴 수 있는 비결은 그분과 맺는 사랑의 관계에 있다. 사랑은 모든 것을 바라고 믿으며 견디게 해 주는 원천이기 때문이다. 따라서 선교는 하나님과 친밀한 관계를 누리는 자가 열방을 그 기쁨으로 초청하고 안내하는 일이다.

성찰과 토론을 위한 질문

1. '사랑 장(章)'으로 불리는 고린도전서 13장에서 바울은 복음에 대한 과거의 어린아이 같은 유치한 생각을 영적 성인이 된 이후의 성숙한 관점과 대조한다. 그것은 인본주의 종교를 벗어나 신본주의 관점으로, 그리고 율법주의적 종교에서 벗어나 하나님과 친밀한 사랑의 관계로 변화하는 성화의 여정이다. 당신의 신앙 여정은 지금 어디쯤 있는지 자문해 보라.

2. 창조주와 피조물의 위치를 뒤바꾸는 것은 신성모독에 해당한다. 선교는 창조주와 피조물의 위치를 제자리로 복원하고 하나님을 하나님 되시게 하는 일이다. 당신에게 하나님은 어떤 존재이신가? 당신의 일상에서 하나님은 누구시고 그분의 자리는 어디인가? 당신이 이해하는 선교는 무엇인가?

3. 성경이 가르치는 복음 및 선교에 관한 올바른 개념을 정립하지 않은 채 열정을 앞세워 진행하는 선교 행위는 아름답기보다 흉할 수 있고, 바람직하기보다 위험할 수 있다. 십자군 전쟁은 역

사상 교회가 범한 최악의 시행착오 중 하나였다. 십자가 복음을 십자군 폭력으로 변질시켰기 때문이다. 시대와 상황에 따라 새로운 옷으로 갈아입은 십자군 전쟁이 역사에 반복되었고, 안타깝게도 여전히 진행 중이다. 오늘날 종교의 이름으로 자행되는 십자군 전쟁은 무엇이 있는지 생각해 보라.

4. 성숙의 표지 중 하나는 개인주의적 이기심을 벗어난 공동체적 이타성이다. 교회는 신자유주의적 각자도생의 시대정신에 휘말리지 말고 삼위 하나님의 온전한 교제처럼 사랑으로 더불어 사는 공동체를 지향해야 한다. 선교는 동질 집단의 장벽을 뛰어넘는 우주적 공동체, 즉 거룩한 공교회(the Holy Universal Church)를 지향하는데, 본래 하나님이 의도하신 창조 질서가 회복되는 개념이다. 당신과 당신이 속한 공동체(교회, 단체)가 이해하는 선교의 개념과 추구하는 큰 그림은 무엇인가?

5. 선교는 우선적으로 교회나 선교 단체 또는 선교사의 일이 아니라 '하나님의 선교'라는 말이 무슨 의미로 이해되는지 동료 그리스도인들과 생각을 나누어 보라.

2장

신본주의 종교, 하나님 나라 복음

"좋은 소식을 전하며 평화를 공포하며
복된 좋은 소식을 가져오며
구원을 공포하며 시온을 향하여 이르기를
'네 하나님이 통치하신다' 하는 자의
산을 넘는 발이 어찌 그리 아름다운가."
—이사야 52:7

신본주의 구원론: 창조주의 영광 회복을 위한 주권적 개입

우리는 '구원'을 인간 중심적 특혜 개념으로 정의하는 경향이 있다. 죄로 인해 영원한 형벌을 받게 된 인간을 긍휼히 여기신 하나님이 독생자를 세상에 보내셔서 죄인 대신 십자가 형벌을 받게 하심으로 면죄(대속)의 은혜를 베푸셨다는 정도가 현대 교회가 흔히 정의하는 구원론이다. 틀린 말은 아니지만, 만족할 만한 정의도 아니다. 성경이 계시하는 대로 충분히 다 말하지 않았기 때문이다. 1장에서 인용한 A. W. 토저의 말대로, 그리스도를 보내신 하나님의 목적은 피조물인 인간의 구원에 머물지 않고, 구원받은(회복된) 인간을 통해 궁극적으로 그분이 예배(영광)받으시기 위함이다.

따라서 우리가 '무엇으로부터'(from what) 구원받았는지 묻는 데 그치지 말고, 하나님이 '무엇을 위해'(for what) 그 엄청난 대가를 지불하시고 우리를 구원하셨는지 물어야 한다. 나는 "아 하나님의 은혜로 이 쓸데없는 자, 왜 구원하여 주는지 난 알 수 없도다"라는 찬송 가사가 좀 불편하다. 성경 전체가 일관되게 설명하는 분명한 이유를 모르겠다고 발뺌하는 것처럼 들리기 때문이다. 아마도 작사자(D. W. Whittle)는 구원의 의도를 몰라서가 아니라, 하나님의 놀라운 구원의 은혜에 감탄히는 의미에서 수사적 의문을 던졌을 것이다. 하지만 이 찬송을 부르는 사람은 구원을 베푸신 하나님의 의도보다 자신이 구원받은 사실에만 몰입해 감상적 자기만족에 머물 위험이 있다. 하나님이 왜 그토록 엄청난 대가를 지불하시고 우리를 구원하시는지 이해하려면 구원론의 초점을 수혜자인 인간으로부터 구원을 베푸시는 시혜자 관점으로 이동해야 한다. 그래야 성경이 말하는 구원을 바로 이해할 뿐더러 비로소 선교를 논할 수 있다. 1장에서 살핀 대로, 선교는 교회나 선교 단체의 일이 아니라 타락으로 실추된 하나님의 영광을 회복하시기 위한 삼위 하나님의 주권적 개입, 즉 '하나님의 선교'(missio Dei)다.

그렇다면, 신구약 성경에 자주 등장하는 '영광'이란 단어는 정확히 무슨 의미인가? 웨스트민스터 신앙고백의 소요리문답 첫 번째 문항에서 인생의 본분이 하나님을 영화롭게 하는 것이라고 선언하는 의미는 무엇인가? 성경을 번역하는 선교 단체 소속으로 장기간 일하면서 나는 아직 분석되지 않은 미전도 종족의 언어로 성경 메시지를 옮길 때 가장 어려운 난제 중 하나가 추상적 개념의 번역임을 경험했다. '영광'처럼 성경 원문에 나오는 추상 명사가 담아내는 의미를 정확히 파악하는 일(해석)도 만만치 않지만, 그에 상응하는 대상 언어의 표현을 찾아 옮기는 일(번역)은 더욱 어렵다.

가령, '사람', '땅', '나무' 등 구상 명사를 비롯해 '걷다', '웃다', '앉다' 같은 구상 동사는 이해하기 쉽고 등가(等價) 의미를 지닌 대상 언어의 표현을 찾아 옮기기도 비교적 용이하다. 하지만 '죄', '은혜', '영광' 같은 추상 명사나 '사랑하다', '용서하다', '존중하다' 같은 추상 동사는 언어에 따라 의미의 범주와 뉘앙스가 천차만별이어서 기계적으로 단어 대 단어로 치환할 수 없고 그래서도 안 된다. 대상 언어가 이미 충분히 분석되고 사전이나 구문론 등 참고 자료가 풍부한 경우도 번역이 쉽지 않은데, 아직 세상에 알려지지 않은 미전도 종족의 언어와 문화를 관찰이나 몸짓으로 배우고 분석해서 성경을 번역하는 일이 지난한 과업임은 두말할 필요도 없다.

성경번역의 여정에 참여하면서 나는 복음이 결코 단순하거나 쉬운 개념이 아님을 깨달았다. 성경이 계시하는 복음은 추상적 개념으로 가득하기 때문이다. 복음이 단순명료하다고 주장하는 이들의 근거는 도대체 무엇인가? 복음의 의미를 충분히 깨달은 입장에서는 그 메시지가 명료하게 인식될 수 있겠지만, 처음 듣는 사람에게는 '죄', '의', '용서', '은혜', '긍휼', '영광' 등 추상적 개념으로 가득한 복음이 매우 어렵다. 하나님이 간단한 전도지가 아닌 두꺼운 성경을 우리에게 주신 이유는 복음이 담아내는 개념이 깊고 복합적이기 때문이다. 피조물인 인간이 마치 창조주 하나님을 다 파악한 것처럼 경거망동하지 말고, 그분의 뜻이 담긴 심오한 계시를 지속적으로 배우려는 겸허한 자세를 유지해야 한다. "하나님의 부유하심은 어찌 그리 크십니까? 하나님의 지혜와 지식은 어찌 그리 깊고 깊으십니까? 그 어느 누가 하나님의 판단을 헤아려 알 수 있으며, 그 어느 누가 하나님의 길을 더듬어 찾아낼 수 있겠습니까? 누가 주님의 마음을 알았으며, 누가 주님의 조언자가 되었습니까?"(롬 11:33-34, 새번역)

빠르고 쉽게 복음을 전하려는 조급한 마음에 자의적으로 복음을 재단해서 '예수 천당, 불신 지옥'으로 함부로 환원하는 것이 도리어 하나님의 뜻을 거스를 수 있음을 기억해야 한다. 방대한 성경 계시를 단순한 주관적 공식으로 축소하는 잘못일 뿐 아니라, 그리스도를 이용해 천당에 가거나 그분을 거부해 지옥에 간다는 식의 인간 중심적 관점으로 복음을 왜곡하는 오류이기 때문이다. 이렇게 일차원적 공식에 근거한 섣부른 행동주의에 매몰되지 말고, 방대한 성경이 가르치는 복음과 선교의 심오한 개념을 진지하게 배워 가면서 매순간 전인적 순종으로 반응해야 한다.

신본주의 구원론에 근거한 하나님의 영광이란 주제로 돌아가 보자. '영광'이라는 추상 명사에 내포된 폭넓은 의미를 여기서 본격적으로 다루기는 어렵다. 하지만 구약의 마지막 선지자 말라기 이후 그리스도의 초림까지 400여 년을 일컫는 중간기에 구약성경을 당대의 공용어(*lingua franca*)에 해당하는 헬라어로 번역한 70인역(LXX)이 사용하고 신약성경에 기록된 헬라어 명사 '독사'(*doxa*)가 '이해하다, 생각하다, 인정하다'란 의미의 동사 '도케인'(*dokein*)에서 파생된 사실이 함의하는 바를 놓쳐서는 안 된다. 우리 문화에서 영광을 돌린다는 말에는 흔히 '비행기 태우기'식의 부풀리기 개념이 포함되는데, 하나님은 지존자이시므로 그 신분보다 그분을 더 높일 방법은 없다. 따라서 하나님께 영광을 돌린다는 것은 그분이 어떤 분이신지 이해하고 그 신분에 합당하게 예우하는 개념이다. 구약성경에서 영광을 표현하는 '카보드'(kavod) 라는 히브리 단어도 '무게, 무거움'과 더불어 '가치, 존중'이란 뜻을 내포한다는 점에서 헬라어 단어의 의미와 일맥상통하는 셈이다.

가령, 대한민국 대통령이 타국을 국빈 방문하는 경우, 레드카펫 환영과 더불어 초청국의 수장이 직접 접견하는 등 그 신분에 부합한 의전을 제공해야 한다. 만일 그렇게 하지 않으면 국격(국가의 영광) 훼손으로 인식되어 외교 문제로 비화될 것이다. 그런 관점에서 성경은 구원론을 하나님의 영광과 연관시킨다. "모든 사람이 죄를 범하였으매 하나님의 영광에 이르지 못하더니, 그리스도 예수 안에 있는 속량으로 말미암아 하나님의 은혜로 값없이 의롭다 하심을 얻은 자 되었느니라"(롬 3:23-24). 구원은 단순히 인간을 불쌍히 여겨 그리스도를 통해 죄를 속량하시는 개념에 머무는 것이 아니다. 죄로 인해 우리 안에 있는 하나님의 형상이 상실됨으로 말미암아 하나님의 영광이 훼손되었으므로, 그리스도를 통해 우리 안의 하나님 형상이 회복되어야 우리를 창조하신 분의 영광이 비로소 회복되는 것이다. 인간 구원은 그 자체로 목적이 아니라, 궁극적 목적인 하나님의 영광을 위한 전제 조건인 셈이다. 하나님의 기쁨을 위해 구원에 이르는 믿음이 선행되어야 한다는 말씀, 곧 "믿음이 없이는 하나님을 기쁘시게 못하나니"(히 11:6)가 이해되는 지점이다.

하나님께 합당한 예배를 위한 그분의 열심

하나님의 영광이라는 신본주의적 지향성은, 그분께 영광을 돌리고자 하는 인간적 충정보다 그분 스스로 자신의 실추된 영광을 회복하고자 하시는 신적 열정이 훨씬 크다는 사실을 깨닫게 한다. 선교가 그분을 도와드리려는 인간의 자발적 행위라기보다 우선적으로 그분에게 합당한 영광의 회복, 즉 열방으로부터 예배받으시기 위한 삼위 하나님의 열심에서 흘러나오는 그분의 일(missio Dei)인 이유다. "세상 모든 민족이 구원을 얻기까지 쉬지 않으시는 하나님"이란 찬송 가사처럼, 그 일이 인류 역사에 실제로 구현되기까지 우리의 순종 여부를 떠나 하나님의 열심이 선교를 멈추지 않으실 것이다. "물이 바다를 덮음같이 여호와의 영광을 인정하는 것이 온 세상 가득하리라"(합 2:14).

앞에서 생각한 '영광'이란 추상 명사의 성경적 개념을 가장 잘 수식할 형용사는 '합당한'일 것이다. 신약성경에 '합당한'이란 의미의 헬라어 단어 '악시오스'(axios)가 41회 등장하는데, 하나님의 하나님 되심에 걸맞은 영광, 즉 그분의 신분에 합당한 예배와 직결되는 개념이 바로 선교다. 하나님은 백두대간에 거하는 한민족의 패거리 귀신이나 특정 지역에 제한적으로 머물며 그곳의 거민을 편애하는 지역영이 아닌 만유의 주재이시다. 따라서 그 신분에 합당한 예우는 만유가 회복되고 만민이 구원받아 그분을 예배하는 것이다. 복음을 듣지 못해 하릴없이 멸망의 길로 향하는 미전도 종족을 긍휼히 여기는 마음은 귀하지만, 보다 근원적이고 궁극적인 선교의 동인은 구원받은 인류와 모든 피조물로부터 합당한 예배를 받으실 하나님의 영광에 있다. "내가 또 보고 들으매 보좌와 생물들과 장로들을 둘러선 많은 천사의 음성이 있으니 그 수가 만만이요 천천이라. 큰 음성으로 이르되 죽임을 당하신 어린양은 능력과 부와 지혜와 힘과 존귀와 영광과 찬송을 받으시기에 합당하도다 하더라"(계 5:11-12).

따라서 하나님이 독생자 그리스도를 세상에 보내신 이유를 인간 구원에 고착시키는 환원적 오류를 반복하지 말고, 그분에게 합당한 종말적 예배라는 지향을 지속적으로 붙들어야 한다. 선교를 바로 이해하려면 성경의 큰 그림을 봐야 한다. 문제는 성경이 너무 두꺼운 책이라는 점인데, 대하드라마 같은 방대한 계시를 통해 하나님은 궁극적으로 어떤 메시지를 우리에게 전달하시려는 것일까? 장편 소설의 끝부분에서 이야기의 결론을 발견하듯, 우리는 성경의 마지막 책인 요한계시록을 통해 하나님이 의도하시는 결론, 즉 마침내 완성된 하나님 나라의 모습을 엿보게 된다. "각 나라와 족속과 백성과 방언에서 아무도 능히 셀 수 없는 큰 무리가 나와…큰 소리로 외쳐 이르되 '구원하심이 보좌에 앉으신 우리 하나님과 어린양에게 있도다' 하니"(계 7:9-10).

이 말씀에 기초한 고형원의 찬송 제목이 "비전"인 이유는, 마침내 그분께 합당한 예배가 드려지는 이 종말적 장면이 하나님이 꿈꾸시는 궁극적 비전이기 때문이다. '비전' 또는 '계시'로 번역 가능한 히브리어 단어 '하존'(*chazon*)은 성경에 자주 나오는데, 주로 하나님이 선지자들에게 자신의 뜻을 드러내는 계시적 문맥에서 사용된다. 따라서 성경적으로 비전은 사람의 꿈이나 지도자의 야망이 아니라, 우선적으로 하나님의 뜻을 가리킨다. 앞서 거론한 대로, 기독교는 인간이 하나님을 이용해서 자기 꿈을 성취하는 인본주의 종교가 아니라, 창조주 하나님이 그분의 꿈(비전)을 이루시는 신본주의 종교다. 성경은 하나님이 여러 시대에 여러 모양으로 선지자들을 포함한 다양한 일꾼을 통해서 그분의 속내를 드러내신 그분의 계시이고, 그리스도는 그 계시의 종결자시다. "옛적에 선지자들을 통하여 여러 부분과 여러 모양으로 우리 조상들에게 말씀하신 하나님이 이 모든 날 마지막에는 아들을 통하여 우리에게 말씀하셨으니 이 아들을 만유의 상속자로 세우시고 또 그로 말미암아 모든 세계를 지으셨느니라"(히 1:1-2).

하나님의 일에 동참하도록 초청받은 교회와 그리스도인의 꿈은 당연히 그분의 비전에 맞춰져야 한다. 사람이 사물을 육안으로 볼 뿐 아니라 두뇌로 본다는 사실을 관찰한 신경의학자 올리버 색스(Oliver Sacks)의 주장처럼, 사람마다 어떤 관점을 가지고 어떤 꿈을 꾸는지에 따라 동일한 대상이 다른 모습으로 보이는 법이다. 성탄절에 자주 듣는 캐롤처럼, 하나님은 지금도 우리에게 물으신다. "내가 보는 환상을 너도 보니?(Do you see what I see?), 내가 듣는 환청을 너도 듣니?(Do you hear what I hear?)" 오순절에 강림하신 성령께서는 바로 하나님이 꾸시는 그 꿈을 교회에게 보여 주셨다. "하나님이 말씀하시기를 말세에 내가 내 영으로 모든 육체에게 부어 주리니 너희의 자녀들은 예언할 것이요. 너희의 젊은이들은 환상을 보고 너희의 늙은이들은 꿈을 꾸리라…누구든지 주의 이름을 부르는 자는 구원을 받으리라"(행 2:17, 21).

여기서 우리는 마침내 맞춰지는 성경 계시의 다양한 퍼즐 조각, 즉 창세기부터 요한계시록까지 관통하는 일관된 하나님의 꿈이 마침내 구현되는 종말적 완성을 발견한다. 하나님이 아브라함 및 그의 후손 히브리인과 맺으신 선교적 언약(창 12:1-3)이 창세기 기사에 반복적으로 등장한다. 그러다가 아브라함의 특별한 후손 그리스도("네 씨")의 십자가를 상징하는 사건, 즉 이삭을 제물로 드리는 절정부에서 하나님의 궁극적 꿈을 계시하셨다. "내가 네게 큰 복을 주고 네 씨가 크게 번성하여 하늘의 별과 같고 바닷가의 모래와 같게 하리니…네 씨로 말미암아 천하 만민이 복을 받으리니 이는 네가 나의 말을 준행하였음이니라"(창 22:17-18). 요한계시록 7:9-10은 하나님의 그 비전이 마침내 성취되는 모습이다. 즉 "하늘의 별"과 "바닷가의 모래"처럼 "아무도 그 수를 셀 수 없을 만큼 큰 무리"(새번역)가 마침내 하나님께 합당한 예배를 드리는 장면인데, 그들은 "모든 민족과 종족과 백성과 언어에서 나온 사람들"(새번역) 곧 선교의 종말적 열매를 가리킨다.

결국 선교는 하나님을 하나님 되시게 하는 일이다. 선교라는 도구 자체보다 그 목적인 예배가 핵심이다. 선교는 하나님 영광의 회복, 곧 예배를 위해 존재한다. 존 파이퍼는 "선교가 존재하는 이유는 [하나님께 합당한] 예배가 존재하지 않기 때문이다.…교회의 궁극적 목적은 선교가 아니라 예배다.…예배는 선교의 동력이자 목적이다.…선교는 예배로 시작하고 예배로 끝난다.…모든 역사는 한 가지 위대한 목적, 곧 세상의 모든 백성들 가운데 하나님과 그의 독생자가 예배받으시는 목적을 향해 전진한다"라고 말한다.

파이퍼의 주장에 따르면, 인류 역사상 지역영에게 합당한 예배는 수없이 드려졌지만 하나님께 합당한 예배는 아직 단 한 번도 드려진 적이 없다. 한반도의 7천만 한민족이 모두 그리스도인이 된다고 해도 만유의 주재이신 하나님의 영광에는 턱없이 부족하다. 단순히 가족이나 씨족의 구원, 또는 기껏해야 민족 복음화 정도로 목표를 제한하는 것은 만유의 주재에 대한 모독이다. A. W. 토저는 "그리스도의 교회에 한 가지 끔찍한 질병이 있는데, 그것은 하나님의 위대하심을 보지 못하는 것이다"라고 말한다. "새 노래로 여호와께 노래하라. 온 땅이여 여호와께 노래할지어다.…그의 영광을 백성들 가운데에, 그의 기이한 행적을 만민 가운데에 선포할지어다. 여호와는 위대하시니 지극히 찬양할 것이요 모든 신들보다 경외할 것임이여, 만국의 모든 신들은 우상들이지만 여호와께서는 하늘을 지으셨음이로다. 존귀와 위엄이 그의 앞에 있으며 능력과 아름다움이 그의 성소에 있도다. 만국의 족속들아 영광과 권능을 여호와께 돌릴지어다.…여호와의 이름에 합당한 영광을 그에게 돌릴지어다.… 온 땅이여 그 앞에서 떨지어다"(시 96:1-8).

보혈의 가치와 목적에 부합한 선교적 공동체

그리스도는 그 궁극적 목적, 즉 하나님께 합당한 예배가 드려지기 위해 십자가에서 보혈을 흘리셨다. "그들은 이런 말로 새로운 노래를 불렀습니다. '주님께서는 그 두루마리를 받으시고 봉인을 떼실 자격이 있습니다. 주님은 죽임을 당하시고, 주님의 피로 모든 종족과 언어와 백성과 민족 가운데서 사람들을 사서 하나님께 드리셨습니다'"(계 5:9, 새번역). 교회가 자신을 배타적 특권 집단으로 정의하면 안 되는 이유가 바로 여기 있다. 그리스도의 피는 이미 구원받은 자들을 위해 제한적으로 흘리신 게 아니라, 종말적 예배에 동참할 모든 종족과 언어와 백성과 민족을 위해 선불하신 포괄적 보혈이기 때문이다.

따라서 선교를 부정하는 것은 보혈의 가치를 부정하는 것이다. 성만찬 집례 시 포도주가 실제로 그리스도의 피로 변한다는 중세 가톨릭의 화체설을 지지하지는 않지만, 역사적 교회가 성례를 집행할 때마다 포도주 한 방울이라도 허투루 흘리지 않도록 최선을 다하는 전통을 유지한 것은 보혈의 가치를 존중하는 상징성 때문이다. 선교적 이해 없이 자신의 구원과 축복에만 초점을 맞추는 것은 사실상 보혈의 가치에 대한 부정이자 모독 행위에 해당한다. 『하나님의 모략』, 『잊혀진 제자도』(이상 복있는사람) 등 복음과 제자도에 관한 깊은 성찰이 담긴 저서들로 현대 교회를 깨워 온 달라스 윌라드(Dallas Willard)는 자기 필요에 따라 종종 그리스도의 보혈을 빨아먹으면서 정작 그 선교적 의도를 외면하는 신자에게 '뱀파이어 크리스천'(vampire christian)이라는 흉측한 별명을 붙인 바 있다.

그런 의미에서 복음은 본질적으로 선교적이다. 원래 특정 집단을 위한 복음이 따로 있는데, 그 외연을 확장하는 개념이 선교라고 생각하면 안 된다는 말이다. 하나님이 주권적으로 아브라함을 택하시고 복음의 원형인 언약을 주실 때, 그분의 의도는 처음부터 선교적이었다(창 12:1-3). 아브라함과 그 후손 히브리인은 배타적 특혜 집단이 아니라, 그들을 통해 하나님의 하나님 되심을 회복하고자 하시는 선교적 의도에 따른 주권적 선택이었다. 물론 그들도 축복의 대상이었지만, 동시에 그들은 축복의 통로로 부름받았다. 선교적 언약에 대한 바울의 해석이 그 사실을 확증한다. "하나님이 이방을 믿음으로 말미암아 의로 정하실 것을 성경이 미리 알고 먼저 아브라함에게 복음을 전하되 모든 이방인이 너로 말미암아 복을 받으리라 하였느니라"(갈 3:8). 따라서 구약의 이스라엘 백성과 신약 교회의 진정한 '특혜'는 선교적 복음을 위탁받은 사실에 있다.

성경은 특정 집단의 구원이 아닌 천지창조 기사로 시작해서 재창조 기사로 끝나고, 이스라엘이 아닌 열방의 이야기로 시작해서 만유의 회복으로 끝난다(계 21:5). 창세기 1-11장은 하나님이 창조하신 세상과 열방에 관한 내용인데, 죄로 인해 망가진 피조 세계에 특단의 신적 개입이 필요해진 상황을 보여 준다. 이어서 선교적 복음의 구약적 개념인 언약의 역사가 하나님이 아브라함을 선택하시는 창세기 12장에서 시작된다. 그 약속은 아브라함과 그의 후손을 통해 점진적으로 성취되고 마침내 그리스도를 통해 설정에 이를 것임을 성경이 일관되게 계시한다. 아브라함의 후손을 히브리인이라 부르는데, 그들이 택함받은 것은 타종족과 다른 특별함이 있어서가 아니라 전적으로 하나님의 주권적 결정이었다. "여호와께서 너희를 기뻐하시고 너희를 택하심은 너희가 다른 민족보다 수효가 많기 때문이 아니니라. 너희는 오히려 모든 민족 중에 가장 적으니라"(신 7:7). 티베트 종족이나 위구르 종족이 중국의 한족과 구별되듯, 원래 중동 지역에 히브리인이라는 구별된 집단이 따로 존재한 것은 아니었다. 즉, 그들이 다른 이방 종족들에 비해 뭔가 달라서 선택받은 게 아니라는 말이다.

다소 역설적으로 들릴 수 있지만, 사실 아브라함과 그의 조상은 원래 메소포타미아에 거주하던 이방인이었다. '히브리'(*ivrie*)라는 단어는 요단강 건너편으로부터 이주한, 즉 갈대아 우르(현 이라크 남부)에서 유프라테스강을 건너 하란(현 튀르키예 동남부)으로, 그리고 요단강을 건너 팔레스타인으로 건너온 집단이라는 문자적 의미를 갖는다. 일종의 '도래인'인 셈인데, 흥미롭게도 바빌로니아 탈무드는 아브라함을 최초의 유대교 개종자로 기록한다. 팔레스타인 진입을 앞둔 이스라엘 백성에게 모세는 하나님께 제사드릴 때마다 "내 조상은 방랑하는 아람 사람"(신 26:5)임을 상기하라고 명한다. 장차 약속의 땅에 들어갈 때 배타적 선민의식이 아닌, 하나님의 선교적 목적에 따라 부름받은 언약 백성임을 상기하라는 말일 것이다. 그런 의미에서 이스라엘은 구약 교회인 셈인데, 안타깝게도 역사는 그들이 부르심에 합당한 사명을 제대로 감당하지 못했음을 보여 준다. 교회 역사는 신약 교회도 구약 교회의 시행착오를 수없이 반복했음을 드러내는데, 오늘의 교회는 배타적 특혜집단이 아니라 선교적 부르심을 받은 공동체로서 그리스도께서 흘리신 보혈의 가치와 목적에 부합한 새 역사를 써야 할 것이다.

하나님 나라 복음: '천당 가기' 아닌, 하나님의 통치

앞에서 인간의 구원은 영적 복권에 당첨되는 개념이 아니라, 죄로 인해 상실된 하나님의 형상이 회복되는 일임을 살펴보았다. 하나님의 형상이 회복된다는 것의 실존적 의미는 무엇일까? 원래 인간을 창조하신 하나님의 의도는 피조물인 우리를 그분의 형상으로 만들어 삼위 하나님과 친밀한 교제를 누리게 하기 위함이었다. 그런데 죄로 인해 하나님의 형상을 잃었고, 그 결과 인간은 그분과의 교제로부터 끊어졌다. 에덴동산에서 시작된 비극의 본질은 단순히 파라다이스를 잃은 데 있지 않고 하나님과 친밀한 관계를 상실한 데 있다. 하나님은 죄와 동행하실 수 없는 분이시므로 그분의 거룩하심처럼 우리도 거룩해져야 그 교제에 참여할 수 있다. 하나님의 형상이 회복된다는 것은 하나님의 하나님 되심, 즉 그분의 빼어난 성품인 사랑과 공의가 우리 안에 회복되는 것을 의미한다. 이는 칭의에 기반한 구원론이 필경 성화와 통합되어야 하는 이유이며, 그것은 하나님 나라의 개념과 연결된다.

우리말로 '복음'이라 번역된 헬라어 단어는 문자적으로 '좋은 소식'(*euangelion*)이란 뜻이다. '좋은 소식'이란 말 자체로는 구체성이 없다. 무엇이 어떻게 왜 좋다는 것인지 설명이 필요한데, 마가복음과 누가복음은 그것을 '하나님 나라 복음'이라고 표현한다. 즉, '하나님 나라'라는 '좋은 소식'인데, 예수께서 공생애를 시작하시면서 전하신 첫 메시지가 하나님 나라 복음이었다. "이르시되 때가 찼고 하나님의 나라가 가까이 왔으니 회개하고 복음을 믿으라 하시더라"(막 1:15).

마태는 '하나님 나라'(神國)를 '하늘나라'(天國)로 기록했는데, 이는 여호와의 이름이나 심지어 하나님이란 일반 명사조차 함부로 입에 올리지 못하는 유대인 독자를 위한 우회적 표현이다. 어르신의 이름을 부르지 않는 우리네 관점에서 쉽게 이해할 수 있는 문화적 배려라 할 수 있겠다. 아무튼 마태복음은 세례 요한과 그리스도의 일치된 메시지를 통해 주님의 지상 사역을 도입한다. "그 때에 세례 요한이 이르러 유대 광야에서 전파하여 말하되 '회개하라 천국이 가까이 왔느니라' 하였으니"(마 3:1-2), "이때부터 예수께서 비로소 전파하여 이르시되 '회개하라 천국이 가까이 왔느니라' 하시더라"(마 4:17). 마태가 하나님 나라를 천국으로 표현하는 바람에 복음의 초점을 '예수 천당'식으로 왜곡하는 오류가 발생하지 않았나 싶기도 하다. 그러나 마태는 '천국'(天國)이라 쓰고 '신국'(神國)이라 읽었음을 기억해야 한다.

그렇다면 하나님 나라는 무엇을 의미하는가? 흔히 국가 성립의 3대 요건으로 '영토, 주권, 국민'을 말한다. 우리나라의 경우, 조상 대대로 부동산에 한이 맺혀서 그런지 하나님 나라를 영토 개념으로 환원하는 경향이 강하다. 그래서 자꾸만 천당이라는 장소를 강조하는 것인지도 모르겠다. 영토 개념이 전혀 없는 건 아니지만, 성경이 말하는 '나라'는 우선적으로 '주권, 통치권'을 가리킨다. 왕국(Kingdom)의 핵심 개념은 왕권(Kingship)이다. 일제 시대에 나라를 잃었다고 말할 때, 한반도가 사라진 게 아니라 주권을 빼앗겼다는 의미다. 따라서 복음이란 시한부 종말론처럼 한 많은 세상을 떠나 천당으로 이동하는 염세적 도피가 아니라, 도리어 하나님의 나라가 이 땅에 임하기를 구하는 주기도문과 연결되는 개념이다. 세상을 위해 세상으로 보냄받은 선교적 공동체의 사명을 생각할 때, 도피적 천당 개념이 설 자리는 없다.

하나님 나라는 여기인가 저기인가를 따지는 장소 개념이 아니라, 어느 곳이든 상관없이 누구의 통치를 받느냐가 핵심인 셈이다. 종말적으로 완성될 그 나라가 진정한 천국인 이유는 그때 그곳에 하나님의 다스리심이 온전히 구현될 것이기 때문이다. 우리가 즐겨 부르는 찬송가 중 그 개념을 잘 표현한 가사를 인용한다.

> 주의 얼굴 뵙기 전에 멀리 뵈던 하늘나라
> 내 맘속에 이뤄지니 날로 날로 가깝도다…
> 주 예수와 동행하니 그 어디나 하늘나라
> 높은 산이 거친 들이 초막이나 궁궐이나
> 내 주 예수 모신 곳이 그 어디나 하늘나라

복음이란 성경이 만들어 사용한 신조어가 아니라, 그리스-로마 시대에 사용되던 개념이다. 따라서 당시 사람들이 하나님 나라 복음에 대해 들었을 때 우리 중 일부처럼 천당으로 오해하지는 않았을 가능성이 높다. 당대 사람들에게 **복음**이란 로마제국의 태평성대(*pax Romana*)를 일구어 낸 아우구스투스 황제의 탄생과 즉위에 관한 '좋은 소식'이었다. 소아시아 남서부에 위치한 고대 이오니아의 도시 프리에네(Priene)에서 주전 9년경에 새긴 것으로 추정되는 비문이 발견되었다. 거기에 신격화된 황제 아우구스투스에 관한 내용이 적혀 있는데, "신의 탄생은 세상에게 기쁜 소식의 시작"이란 문장이 마가복음의 첫 문장("하나님의 아들 예수 그리스도의 복음의 시작이라")과 놀랍도록 유사하다.

원래 공화정이던 로마에 율리우스 카이사르라는 강력한 장군이 독재적 실세로 부상하자 원로원이 그를 시해했다. 그 결과, 지도자 자리가 공백인 채 대권을 다투는 야심가들의 폭력적 권력 투쟁이 일어나 로마에 장기간 불안과 혼란이 지속되었다. 마침내 율리우스의 양자인 옥타비아누스가 모든 정적들을 물리치고 왕권을 거머쥐게 되었다. 양부 율리우스를 신격화함으로 신의 아들로 격상된 그가 아우구스투스라는 큰 이름을 가진 강력한 첫 황제로 즉위하게 된 것은 로마제국 시민들에게 황금빛 새 시대의 도래를 소망하게 하는 좋은 소식이었던 것이다.

그런데 유일하신 참 하나님의 독생자 그리스도께서 세상에 오셔서 잡신의 아들 아우구스투스 황제의 통치가 아닌, 천지를 창조하신 하나님의 자비롭고 공의로운 통치가 시작되었다는 메시지를 선포하셨다. 따라서 당대의 청중이 천당으로 이동하는 개념의 복음을 생각하지는 않았을 것이다. 나중에 더 자세히 다루겠지만, '만왕의 왕, 만주의 주'이신 그리스도는 아우구스투스로 대표되는 세상 권력자의 방식과 확연히 대조되는 '십자가의 도'를 통치 방식으로 택하셨다. 화려한 황금 보화와 우렁찬 팡파르 속에 즉위하는 아우구스투스와 달리, 진짜 왕이신 그분은 초라한 모습으로 등장하시고, 초라하게 사역하신 후 십자가에서 죽으심으로 초라하게 퇴장하셨다. 그런데 그리스도의 성육신과 십자가의 도는 세상을 바꾸는 하나님의 전략이었고, 교회는 그분의 모범을 따라 세상을 변혁시키는 사명(선교)을 위임받은 것이다.

1장에서 종교개혁 시대의 음악가 바흐를 소개한 바 있다. 종교개혁자들의 신본주의 신학에 따라 그는 자신이 작곡한 칸타타 악보 말미에 자기 이름 대신 "오직 하나님께 영광"(Soli Deo Gloria)이라고 기록했다. 그의 동년배 음악가 헨델(Georg Friedrich Händel)도 동일한 믿음의 관점으로 하나님 나라의 가치를 추구하는 삶을 살았다. 그의 대표적 교성곡 "메시아"(Messiah) 중 세상에 널리 알려진 44번 합창곡 "할렐루야"는 하나님의 다스리심에 근거한 환호와 찬양으로 가득하다. 성도들이 기쁨과 감격에 넘쳐 '할렐루야'를 외치는 이유는 바로 하나님의 다스리심 때문이다. 그 위대한 곡 전체의 가사는 단 하나의 문장, 곧 "전능한 주가 다스리신다, 할렐루야!"로 요약될 수 있다. 우리가 기뻐하며 찬양해야 할 참된 이유는, 예수 믿고 소원을 성취했거나 만사형통의 복을 누려서가 아니라 자비롭고 공의로운 하나님의 통치가 임했기 때문이다.

그것이 바로 신구약 성경 전체를 관통하는 복음의 개념이다. 이사야 선지자가 정의하는 복음도 동일하다. "좋은 소식을 전하며 평화를 공포하며 복된 좋은 소식을 가져오며 구원을 공포하며 시온을 향하여 이르기를 '네 하나님이 통치하신다' 하는 자의 산을 넘는 발이 어찌 그리 아름다운가"(사 52:7). 우리가 온 세상에 두루 전파해야 할 복음은 바로 하나님이 다스리신다는 좋은 소식이지 인본주의적 욕망을 채워 줄 달콤한 약속이 아니다. 따라서 전도나 선교는 종교 소비자의 마음을 얻어 제도 교회의 지경을 넓히는 상업적 행위가 아니라, 지금 여기서 하나님의 다스리심을 받는 자가 하나님의 통치를 타자에게 확산하는 일이다.

하나님 나라: 예수님의 지상 사역과 부활 후 메시지의 핵심

그리스도는 공생애를 시작하실 때부터 하나님이 다스리신다는 좋은 소식, 즉 '하나님 나라 복음'을 전파하셨다. 하나님 나라는 그리스도께서 반복적으로 가르치신 가장 현저한 주제였다. 천국 비유로 가득한 마태복음 13장을 그 대표적 사례로 들 수 있다. 심지어 부활하신 후 40일간 세상에 머무시면서 그분이 거듭 가르치신 메시지의 주제는 오로지 하나님 나라였다. "그가 고난받으신 후에 또한 그들에게 확실한 많은 증거로 친히 살아 계심을 나타내사 사십 일 동안 그들에게 보이시며 하나님 나라의 일을 말씀하시니라"(행 1:3).

누가가 기록한 사도행전의 1장은 그가 전에 기록한 누가복음

("내가 먼저 쓴 글", 행 1:1)의 그리스도 탄생 기사와 흥미로운 공통점을 보여 준다. 다른 공관복음과 달리 누가는 예수님의 탄생이 로마제국의 태평성대를 일궈 낸 걸출한 황제 아우구스투스 재위 때라는 언급(눅 2:1)을 통해 세상 나라의 왕과 하나님 나라의 왕이신 그리스도를 대조한다. 사도행전 1장의 기사에서도 제자들이 기대하는 세상 나라("이스라엘 나라", 행 1:6)와 주님의 초점인 하나님 나라(행 1:3)가 대조된다. 성경 전체가 일관되게 하나님 나라에 초점을 맞추면서 '만왕의 왕'(the King of kings)이요 '만주의 주'(the Lord of lords)이신 하나님의 다스리심을 계시하는 반면, 하나님의 백성이라는 이스라엘과 그리스도의 제자들 그리고 역사적 교회의 시선은 주로 세상 나라를 향해 있어 안타까운 동상이몽의 연속이었다.

어쩌면 우리는 하나님을 믿는다고 말하면서도 실제로는 온유하고 겸손한 왕으로 십자가를 지시는 메시아의 자비롭고 공의로운 하나님 나라를 원하는 게 아니라, 강력한 군사적 힘으로 주변 나라들을 짓누르고 풍요로운 로마제국의 태평성대를 구현한 아우구스투스 같은 메시아를 지금도 기다리고 있는지 모른다. 시내산에서 모세에게 하나님의 뜻이 담긴 십계명을 주시는 순간에도 금송아지 형상을 만들어 우상숭배의 죄를 범한 이스라엘 백성처럼, 입술로는 하나님 나라를 추구하는 것 같지만 실제로는 세상 나라의 번영, 즉 '팍스 로마나'와 '팍스 아메리카나' 또는 '팍스 코리아나'를 꿈꾸고 있는 게 우리의 벌거벗은 모습이 아닐까 싶다. 극악

무도한 욕망에 사로잡혀 우크라이나를 침공한 푸틴의 러시아를 선지자적으로 책망하기는커녕 도리어 비호하고 축복하는 일부 러시아 정교회 지도자들은 하나님 나라 아닌 '팍스 러시아나'를 추구하는 집단임이 분명하다. 이는 비단 러시아 정교회만의 문제가 아니라, 2천 년 교회 역사와 현대 교회에 수없이 반복되고 있는 동일한 오류다.

하나님 나라에 대해 그토록 반복적으로 강조해서 가르치셨지만, 부활하신 그리스도를 대면하면서도 여전히 복음의 본질을 깨닫지 못하고 이스라엘 나라의 부흥에만 초점을 맞추는 제자들의 모습이 한심하면서도, 그에 못지않게 좀처럼 철들지 않는 우리네 모습이 엿보여 마음이 씁쓸해진다. 한편, 그토록 부족한 제자들을 하나님의 선교에 동참하도록 초청하신 사실이 새로운 소망으로 다가온다. 이후 제자들의 생각이 점진적으로 변하면서 마침내 하나님 나라의 일에 쓰임받은 것처럼, 우리도 복음의 본질을 붙잡고 변화되는 기나긴 여정을 두렵고 떨리는 마음으로 지속해야 한다.

그리스도는 우리가 좀처럼 벗어버리지 못하는 자국-자민족 중심의 소원을 성취해 주시기 위해 세상에 오신 게 아니라, 그분을 보내신 하나님의 뜻을 따라 악한 세력의 통치를 대적하는 하나님 나라의 우주적 회복을 위해 보냄받으셨다. 예수님의 삶과 사역을 그 관점에서 이해해야 한다. "그러나 내가 만일 하나님의 손을 힘입어 귀신을 쫓아낸다면 하나님의 나라가 이미 너희에게 임하였느니라"(눅 11:20). 예수 잘 믿는 미국이나 대한민국에 하나님이 특혜를 베푸셔서 잘 먹고 잘 살도록 축복해 주셨다는 식의 주장은 사실과 맞지 않을 뿐더러 민족주의 관점으로 복음을 왜곡하는 견강부회일 뿐이다. 오랜 선교적 노력과 투자에도 불구하고 끈질기게 복음을 거부하는 일본의 경제적 부상은 어떻게 설명할 것인가.

주권 구원

복음은 하나님의 다스리심에 관한 좋은 소식이므로, 복음으로 구원에 이른다는 것은 피조물인 우리가 창조주를 만나 자신의 소유권과 주권을 그분께 넘겨드리는 개념이다. 회심이란 주인이 바뀌는 사건이다. 따라서 '하나님 나라 복음'은 필연적으로 '주권 구원'(Lordship salvation)으로 이어진다. 신약 교회의 선교 행적을 바울과 그의 선교팀 중심으로 기록한 사도행전은, 마침내 로마에 입성한 바울이 2년간 가택연금 상태에 있으면서 하나님 나라를 전하며 그리스도를 주님으로 소개하는 장면으로 결론 맺는다. "바울이 온 이태를 자기 셋집에 머물면서 자기에게 오는 사람을 다 영접하고 하나님의 나라를 전파하며 주 예수 그리스도에 관한 모든 것을 담대하게 거침없이 가르치더라"(행 28:30-31).

    사도행전은 당시 선교 운동이 단순한 교세 확장을 추구하기보다 그리스도의 주되심을 일관되게 선포한 사실을 기록한다. 11장은 지중해의 구브로와 북아프리카 구레네 출신 성도 "몇 사람이 안디옥에 이르러 헬라인에게도 말하여 주 예수를 전파"한 일(행 11:20)을 기록하는데, 주로 유대인 중심의 동질 집단이던 예루살렘 교회의 한계를 뛰어넘어 최초의 다문화 교회를 세우는 계기가 마련된 사건이다. 스데반의 순교로 촉발된 대규모 박해를 피해 산지 사방으로 흩어진 유대인 디아스포라 성도들이 이방 땅에 가서도 유대인들에게만 복음을 전하던 상황은 지구촌 곳곳에 흩어진 한인 디아스포라 교회들이 대부분 한민족에게만 초점을 맞추는 모습과 크게 다르지 않은 듯하다. 그런데 이름이 알려지지 않은 몇몇 유대인 성도들이 용감하게 헬라인에게도 복음을 전함으로 안디옥 교회라는 새로운 유형의 신앙 공동체가 출범하게 된 것이다. 그리스-로마 시대의 다신론 세계관에 따라 다양한 잡신의 통치를 받던 헬라인들에게 예수님을 유일무이한 주님으로 영접하도록 전파한 것인데, 후에 바울의 선교팀이 빌립보 간수에게 "주 예수를 믿으라"고 전도한 것과 맥을 같이한다(행 16:31).

인간이 신으로부터 독립을 선언하고 스스로 자기 자신을 다스린다고 주장해도, 사실은 타락한 가치관에 따라 죄와 사탄의 통치를 받고 있는 것이다. 하나님의 영광을 추구하는 것이 인간의 행복을 포기하는 것이 아니라 완성하는 것이라는 1장의 논리처럼, 사탄의 통치를 벗어나 우리를 창조하신 하나님의 사랑과 공의의 통치로 옮겨 가는 것은 종교적 속박이 아니라 참으로 자유해지는 축복이다. "너희가 내 말에 거하면 참으로 내 제자가 되고, 진리를 알지니 진리가 너희를 자유롭게 하리라"(요 8:31-32).

우리가 믿고 전파하는 예수님은 우리의 주인이신 분이라야 한다. 그리스도를 영접한다는 것은 그분을 내 주인으로 영접하는 것이지, 나에게 주도권을 넘긴 손님이나 심지어 내 필요에 따라 좌지우지할 하인으로 취급하는 게 아니다. 혹 당신이 친구의 권면이나 전도 집회에 참석해서 그리스도를 영접하는 기도를 했을지라도, 그분을 주인이 아닌 손님이나 하인으로 초청했다면 단언컨대 그분은 당신의 인생에 들어오시지 않았다. 그분은 그런 수모를 당하실 분이 아니기 때문이다. 유한한 피조물이 운전하는 자동차에 전능자를 승객으로 받기보다, 우리의 오장육부를 친히 설계하고 만드신 창조자께 우리 존재와 삶의 운전대를 넘겨드리는 것이 올바른 도리이자 가장 안전한 선택이다. 따라서 바울처럼 자기 안에 그리스도께서 사신다고 고백하는 자라야(갈 2:20) 선교적 사명을 감당할 수 있다.

성경은 그리스도를 구원자로 소개하기도 하지만, 보다 근원적으로는 주님으로 인식한다. 신약성경에 구원자를 의미하는 '소테르'(soter)라는 단어가 24회 나오지만, 주님을 뜻하는 '퀴리오스'(kyrios)란 단어는 747회나 사용된다는 사실이 그것을 증명한다. 사실 그리스도를 주님으로 영접하는 것은 그가 우리를 구원하셨기 때문이라기보다 본질적으로 우리를 창조하신 분이기 때문이다.

앞에서 언급한 대로, 성경은 삼위 하나님을 구원자보다 먼저 창조주로 소개한다. 혹 그분이 우리를 구원하시지 않았다 해도, 심지어 그리스-로마의 잡신들처럼 우리를 학대하는 신이라 하더라도 우리는 그분을 예배하는 게 옳다. 구원 여부를 떠나 우리를 창조하신 분이기 때문이다. 자기 기대에 못 미친다는 이유로 부모를 공경하지 않거나 학대하는 자식은 인간의 본분을 벗어난 자로 사회가 징벌하지 않는가. 하물며 우리를 창조하신 주님을 예배하는 것은 조건을 초월한 당위이자 마땅한 도리다. 그런데 그분은 우리를 사랑하셔서 자신을 내어 주기까지 하신 놀라운 사랑의 주님이시다. 인간관계의 도리를 인륜이라 한다면, 창조주를 조건 없이 섬기는 것은 천륜에 해당하지 않겠는가.

하나님 나라를 향한 회심

'회심하다' 또는 '회개하다'라는 성경의 동사는 '돌아서다'란 뜻이다. 따라서 회심을 거론할 때, 무엇으로부터 무엇을 향해 돌아서는 것인지 묻고 확인해야 한다. 메시아의 도래를 예언하고 그 길을 준비한 세례 요한의 메시지는 그리스도께서 공생애를 시작하시면서 친히 전하신 메시지와 일치했다. 메시아가 오심으로 하나님의 통치가 이 땅에서 본격적으로 시작되었으니, 이제 죄와 사탄의 통치에서 벗어나 그분의 다스리심으로 돌아서라는 것이 바로 회심의 메시지였다. "회개하라, 천국이 가까이 왔느니라"(마 3:2, 세례 요한). "이때부터 예수께서 비로소 전파하여 이르시되 '회개하라 천국이 가까이 왔느니라' 하시더라"(마 4:17).

주님이 사방에 두루 다니시면서 전한 복음은 마침내 하나님이 다스리신다는 "천국 복음"(마 4:23)이었음을 살핀 바 있다. 자신이 무신론자나 무종교인이라 주장하는 사람이라도 사실은 죄와 사탄의 통치 아래 있는데, 그것은 개인의 의도적 선택 여부와 무관하게 타락 이후 모든 사람에게 주어진 기본값이다. 따라서, 돌이켜 창조주 하나님의 통치를 받을 것인지, 아니면 계속해서 사탄의 통치를 받을 것인지 양자택일 외에 다른 선택지는 없다. 회심이란 종교적 체험이나 제의, 또는 단순히 무종교나 타종교로부터 기독교라는 종교로 갈아타는 개종의 개념이 아니다. 회심은 사탄의 통치를 벗어나 우리를 창조하신 '사랑과 공의의 하나님'의 다스리심으로 돌아서는 일이다. 성경의 초점은 회심이지 개종이 아니며, 사실상 개종은 큰 의미가 없다. 매일같이 새벽 미명에 암자를 찾아가 목욕재계하고 정화수를 떠놓고 지극정성으로 천지신명께 빌던 사람이 어느 날 교회당으로 장소를 이동해 새벽 모임에서 열심히 빌면 되는 게 아니다. 회심은 종교가 아니라 주인이 바뀌는 일이기 때문이다.

따라서 열심히 종교 집회에 참석하고 제도 교회의 제의를 성실히 수행한다고 해서 회심한 사람이라는 보장은 없다. 회심한 사람이라면 당연히 신앙 공동체의 활동에 참여하겠지만, 그것은 필요조건이지 충분조건은 아니다. 세례 요한은 당시 종교 생활에 가장 열심을 내던 바리새인들과 유대교 지도자들에게 "독사의 자식들"이란 험한 비난을 퍼부으면서 그들이 참으로 회개한 증거를 보이라고 촉구한다. "그러므로 회개에 합당한 열매를 맺고 속으로 아브라함이 우리 조상이라고 생각하지 말라. 내가 너희에게 이르노니 하나님이 능히 이 돌들로도 아브라함의 자손이 되게 하시리라"(마 3:8-9). 그렇다면 참된 회개의 시금석은 무엇인가? 세례 요한이 회개의 본질적 내용, 즉 "회개하라, 천국이 가까이 왔느니라"(마 3:2)를 외친 후 회개에 합당한 열매를 요구한 것으로 미뤄 볼 때, 회개의 시금석은 종교 갈아타기가 아니라 하나님의 통치(천국)로 돌아서는 일임이 분명하다.

회개의 열매를 맺으라는 요구는 선행으로 구원을 쟁취하라는 율법주의 메시지가 아니라, 참된 회개의 결과물인 열매로 그 진위를 증명하라는 의미다. 이는 열매로 나무를 평가한다는 주님의 가르침과 연결되는 개념이다. "그들의 열매로 그들을 알지니 가시나무에서 포도를, 또는 엉겅퀴에서 무화과를 따겠느냐?"(마 7:16) 포도나무가 맞는지 여부는 포도를 맺음으로 증명하는 것이다. 열매는 존재를 증명하는 것이지 존재를 만드는 공로가 아니다. 시장에서 포도송이를 사서 가시나무에 매단다고 포도나무가 되는 건 아니다. 호박에 줄 긋는다고 수박이 되는 게 아니란 의미다.

역사적 교회와 현대 교회가 회개에 관해 실패하는 지점이 바로 여기가 아닐까 싶다. 세례 요한의 단호한 메시지로 미루어 볼 때, 구도자나 종교 소비자로서 제도 교회를 들락거리는 것으로 회심을 대체할 수 없음이 분명하다. 그런 종교인은 "하나님이 능히 이 돌들로도" 만드실 수 있을 것이기 때문이다. 어차피 현세의 제도 교회 안에는 알곡만 있는 게 아니라 가라지도 공존한다고 주님이 가르치셨다(마 13:36-43). 혹 주님이 경고하신 가라지의 자리나 세례 요한이 비난하던 바리새인의 자리에 지금 우리가 서 있는 것은 아닐까?

메노나이트 교단의 선교학자 앨런 크라이더(Alan Kreider)는 『회심의 변질: 초대교회의 회심을 돌아보다』(The Change of Conversion and the Origin of Christendom, 대장간)란 탁월한 책을 통해 초대교회가 이해한 성경적 회심의 개념을 기독교 왕국(Christendom) 시대 이래 변질된 모습과 대조시킨다. 초대교회는 세례 요한의 도전을 가볍게 받지 않았음이 분명하다. 구도자가 아무리 종교적으로 열심을 내어도, 하나님의 사랑과 공의의 통치를 받는 모습을 그의 존재와 삶으로 드러내는지 여부를 공동체가 장기간 관찰하고 검증한 후에야 세례를 베풀었다. 세례를 받기 위한 기나긴 준비 과정을 밟던 예비 입교자들 중 당시 횡행하던 로마제국의 박해에 굴하지 않고 투옥되거나 장렬히 순교함으로 회심의 진정성을 증명한 경우도 많았다는 사실이 마음을 숙연케 한다. 다소 헤프게 세례를 베푸는 경향이 높은 현대 교회와 선교 현장에서 세례 요한과 초대교회가 던지는 도전을 가볍게 넘겨서는 안 될 것이다.

정리하자면, 회심은 종교성이 아니라 변화된 관점을 가리킨다. 우리말로 회심 또는 회개로 번역한 헬라어 명사 '메타노이아'(*metanoia*)는 '노이아'(*noia*) 즉 생각이 바뀌었다는 의미로, 자기중심적 죄성을 벗어나 창조주 하나님의 통치로 돌아섬을 뜻한다. 회심에 해당하는 히브리어 '슈브'(*shuv*)도 돌아선다는 뜻이다. 이런 관점에서, 주께서 제자들의 빗나간 기도를 교정해 주신 '주기도'는 의식주를 비롯한 이 세상의 필요에만 초점을 맞춘 이방인들의 기복적 기도에서 벗어나 하나님의 나라와 의를 구하는 기도로 돌아서는 회심자의 기도인 셈이다. 성경이 가르치는 기도는 피조물의 욕심과 야망을 이루기 위해 초월자를 이용하려는 인본주의 기도가 아니라, 창조주 하나님의 뜻을 추구하는 신본주의 기도다. 회심의 진위는 우리가 무엇을 왜 어떻게 구하는지를 통해서도 검증된다.

신본주의 복음에 대한 탁월한 계시인 로마서도 바로 그 관점을 보여 준다. 소위 교리 부분에 해당하는 1-11장을 신본주의 복음의 관점으로 결론(롬 11:33-36) 맺은 후, 바울은 12장부터 시작되는 적용 부분을 성경적 회심의 개념으로 연다. "그러므로 형제들아 내가 하나님의 모든 자비하심으로 너희를 권하노니 너희 몸을 하나님이 기뻐하시는 거룩한 산 제물로 드리라. 이는 너희가 드릴 영적 예배니라. 너희는 이 세대를 본받지 말고 오직 마음을 새롭게 함으로 변화를 받아 하나님의 선하시고 기뻐하시고 온전하신 뜻이 무엇인지 분별하도록 하라"(롬 12:1-2). 여기서 "마음을 새롭게 함으로 변화를 받아"는 회심을 풀어쓴 말이다. 참된 회심자는 자신의 복지에서 하나님의 영광으로 초점을 옮긴 사람이다. 그래서 자신을 "하나님이 기뻐하시는 거룩한 산 제물로" 기꺼이 드림으로 그분에게 자신의 소유권을 넘기는 예배자가 된다. 그의 회심의 열매는 자기중심적인 "이 세대"를 본받지 않고 변화된 방향과 가치, 즉 "하나님의 선하시고 기뻐하시고 온전하신 뜻"을 분별하고 추구하는 삶으로 나타난다. 그런 사람이야말로 더 이상 '내 안에 내가 사는 게 아니라, 나를 통해 그리스도께서 사신다'고 고백할 수 있다(갈 2:20). 선교는 하나님 나라, 곧 하나님의 통치로 돌아선 회심자가 다른 회심자를 얻는 일이다.

요약

먼저 1장에서 살핀 신본주의 관점으로 구원론을 재정의해야 한다. 단순한 인간 구원의 차원을 뛰어넘어 창조주 하나님의 실추된 영광의 회복을 지향하는 선교는 우선적으로 하나님의 일일 수밖에 없다. 하나님께 영광 돌리기 원하는 인간의 충정보다 창조자의 신분에 합당한 예배를 받기 원하시는 하나님의 열심이 훨씬 크기 때문이다. 성자 그리스도께서 세상에 오셔서 십자가에서 보혈을 흘리신 것도 인간의 유익 차원을 넘어 신본주의 관점으로 이해해야 한다. 복음을 종교적 기득권층 위주로 제한하는 것은 피조 세계 전체의 회복을 위해 흘리신 보혈의 가치를 손상하는 신성모독에 해당한다.

신본주의적 복음은 인간이 누리는 수혜적 관점을 뛰어넘어 하나님의 다스리심을 지향한다. 성경이 말하는 '하나님 나라'는 우리가 장차 들어갈 '천당'이라는 장소가 아니라 공의롭고 자비로우신 하나님의 통치가 이 세상과 우리 일상에 도래한다는 의미다. 예수님이 세상에 오신 궁극적 목적은 사탄의 통치로부터 하나님의 통치를 회복하시는 일이므로, 그분의 첫 메시지부터 시작하여 공생애 전반과 부활 이후까지 일관되게 강조하신 핵심 메시지는 곧 '하나님 나라'였다. 선교를 통해 세상에 전파되고 구현되어야 하는 메시지는 예수 믿고 소원을 성취한다는 무속 종교의 지향성이 아니라, 죄와 사탄의 오랜 통치가 끝나고 마침내 하나님의 통치가 시작되고 완성을 향해 전진한다는 메시지다.

하나님 나라의 복음이란 결국 인간이 하나님을 이용하는 관점이 아니라, 인간과 세상을 창조하신 하나님의 주인 되심이 회복되는 '주권 구원' 개념이다. 회심이란 종교적 제의나 체험이 아니라 존재와 삶의 주인이 바뀌는 것이고, 선교는 단순히 인간을 구원하신 분이 아니라 세상을 창조하시고 재창조(구원)하신 분을 주인으로 받아들이도록 초청하는 일이다. 구원자 예수님을 소개하는 일에 머물지 않고, 주인이신 그분을 영접하도록 권하는 것이 우리가 전해야 할 메시지다. "주 예수를 믿으라!"

성찰과 토론을 위한 질문

1. 성경은 신본주의 구원론을 가르치지만, 인간의 죄성은 인본주의 관점으로 구원의 개념을 왜곡하는 경향이 있다. 당신에게 신본주의 구원론이란 무슨 의미인가? 신본주의 관점으로 기독교, 복음, 구원, 선교를 새롭게 정의해 보라.

2. 선교 행위라는 도구보다 그것이 지향하는 하나님 영광의 회복이라는 목적이 중요하다. 하나님께 합당한 예배를 지향하는 '하나님의 선교' 관점에서 교회의 흑역사, 특히 과거 십자군 전쟁 같은 호전적 접근이나 오늘날 이슬람 혐오 같은 타종교에 대한 고압적 태도 등의 빗나간 패권주의를 돌아보고 건강한 선교 운동의 방향을 논의해 보라.

3. 예수님 덕분에 구원받아 천당 간다는 제한되고 왜곡된 복음 이해를 벗어나 '하나님 나라 복음'을 받아들인다는 의미가 구체적으로 무엇인지 토론해 보라. 하나님 나라 복음은 그리스도를 당신의 인생에 어떤 분으로 영접하도록 요구하는가? 당신의 일상

에서 그분의 위상은 어떠한가?

4. 성경은 단순한 개종, 즉 종교 바꾸기가 아니라 세계관 차원의 회심을 가르친다. 당신은 회심을 통과한 그리스도인인가? 성경이 가르치고 초대교회가 이해한 회심과 현대 교회가 말하는 회심은 동일한가? 다르다면 무엇이 어떻게 다른지 생각해 보라. 성경이 가르치는 회심은 당신에게 무엇을 요구하는가?

3장
하나님 나라를 향한 선교

"우리는 세상을 통치하실 분이 아니라,
단지 우리 영혼을 구원할 분을 원한다."
―톰 라이트

회심을 지향하는 선교

기독교가 신본주의 종교이고 복음은 하나님 나라, 곧 하나님이 다스리신다는 좋은 소식임을 정리한 2장은, 결국 하나님 나라의 확장이라는 관점에서 선교를 이해해야 한다는 논리적 귀결로 3장을 열게 한다. 2장에서 살핀 대로, 회심은 죄와 사탄의 통치로부터 하나님의 통치로 돌아서는 것이고, 선교의 진정한 목표는 개종이 아니라 회심이다. 따라서 무종교인이나 타종교인을 우리 종교로 끌어들이는 종교적 경쟁의 개념으로 선교에 접근해서는 안 된다.

톰 라이트(Tom Wright)는 말씀 묵상의 깊이와 무게감으로 현대 신학에 날 선 도전을 던지는 영국 성공회 신학자다. 그는 일반 성도들을 위해 평이하게 쓴 자신의 저서 『톰 라이트가 묻고 예수가 답하다: 1세기 복음서에서 만나는 예수에 관한 새로운 이해』(Simply Jesus: A New Vision of Who He Was, What He Did, and Why He Matters, 두란노)에서 많은 신자들이 세상을 다스리실 분이 아니라, 단지 자기 영혼을 구원할 분을 원한다고 꼬집는다. 그리스도를 주님으로 고백하고 '하나님 나라 복음'을 명시적으로 인정하면서도 실제로는 자기를 구원하고 그 이후의 삶에는 간섭하지 않는 신을 원하는 모순된 위선을 비판하는 말이다.

우리를 구원하되 우리의 삶은 간섭하지 않는 신을 원한다면 굳이 여호와 하나님을 섬길 이유가 없다. 하나님은 우리에게 그분을 선택하라고 강요하시지 않는다. 우리를 사랑하셔서 독생자를 내어 주시고 자기와 사랑의 관계로 초청하시는 하나님은 결코 우리에게 강요하시지 않는다. 사랑은 쌍방의 자발성을 요구하지만, 강제하는 순간 그것은 사랑이 아니기 때문이다. 그래서 여호수아는 이스라엘 백성에게 자발적 선택을 요구한다. "만일 여호와를 섬기는 것이 너희에게 좋지 않게 보이거든 너희 조상들이 강 저쪽에서 섬기던 신들이든지 또는 너희가 거주하는 땅에 있는 아모리 족속의 신들이든지 너희가 섬길 자를 오늘 택하라. 오직 나와 내 집은 여호와를 섬기겠노라"(수 24:15).

여호수아와 그의 가문이 섬길 신으로 여호와를 선택한다는 것은 그분의 주님 되심을 인정하고 그분의 다스리심을 받겠다는 의미다. 오늘날 우리가 여호와 하나님을 섬기기로 결정하는 것도 동일하다. 초월자가 제공하는 복과 구원은 누리되 그의 간섭을 받지 않는 자기중심적 삶을 살기 원한다면 무당을 찾아가 굿판을 벌이든지 세상이 제공하는 이신론(deism)을 선택하면 된다. 자연신론으로도 불리는 이신론은 신이 세상을 창조한 후 세상과 무관한 초월자로 존재한다고 가르치기 때문이다. 그 초월자를 이용해서 자기 욕심을 챙기고 자기 마음대로 살면 된다. 그 경우, 물론 자신이 선택한 결과를 감당해야 할 것이다.

나사렛 선언: 메시아의 사명 선언문

복음의 본질이 하나님의 통치가 임하는 것이라는 개념은 누가복음이 기록하는 소위 '나사렛 선언문'이 자세히 다룬다. 메시아의 사명 선언문이라 정의할 수 있는 이 말씀은 그리스도께서 복음을 전하심으로 세상을 구원한다는 의미를 하나님의 자비롭고 공의로운 통치 개념으로 설명한다. "예수께서 그 자라나신 곳 나사렛에 이르사 안식일에 자기 규례대로 회당에 들어가사 성경을 읽으려고 서시매, 선지자 이사야의 글을 드리거늘 책을 펴서 이렇게 기록한 데를 찾으시니, 곧 '주의 성령이 내게 임하셨으니 이는 가난한 자에게 복음을 전하게 하시려고 내게 기름을 부으시고 나를 보내사 포로 된 자에게 자유를, 눈먼 자에게 다시 보게 함을 전파하며 눌린 자를 자유케 하고 주의 은혜의 해를 전파하게 하려 하심이라' 하였더라"(눅 4:15-19).

마태복음이 '천국 복음'의 선포(마 4:17-25)로 그리스도의 공생애 출범을 기록한 것처럼, 누가복음은 주님의 공생애 첫 행보를 그분이 자라신 나사렛의 회당에 들어가셔서 선지자 이사야의 글(사 61:1-2)을 읽고 해석하신 사건으로 기록한다. 하나님 나라 복음을 구현하실 메시아를 예언한 이사야서를 인용하시면서 주님은 "오늘 너희 귀에 응하였느니라"(눅 4:21)라고 선언하셨다. 이 본문은 삼위 하나님의 선교를 명확히 드러낸다. 성부께서 분명한 목적을 가지고 성자를 세상에 보내시는데, 그 사명을 위해 성령이 성자에게 임하셔서 기름을 부으신다. 이 본문에서 사용된 '보내심'은 '선교'와 문자적으로 동일한 의미이며, 그리스도란 호칭은 기름 부음을 받은 분이라는 뜻이다.

    삼위 하나님의 선교적 목적은 불의하고 비정한 세상에 공의롭고 자비로운 하나님의 통치가 임하는 데 있다. 성자에게 기름 부어 "가난한 자에게 복음을 전하게 하시려고" 보내셨다는 명제는, 죄로 인해 불평등과 불공평이 일상이 된 세상에서 하나님의 공의가 회복되는 복음의 속성을 잘 드러낸다. 여기서 "가난한 자"는 물질적 빈곤뿐 아니라 죄로 인해 뒤틀린 세상에서 물질적, 영적, 정신적, 신분적, 사회적, 제도적 혜택을 누리지 못하는 모든 자를 대표한다. 그 원리가 "포로 된 자에게 자유를, 눈먼 자에게 다시 보게 함을" 그리고 "눌린 자를 자유케" 하는 복음으로 작동되는 것이다.

    제자도의 핵심인 산상수훈의 첫 메시지가 가난한 자(마 5:3)에게 초점이 맞춰진 것도 '공의에 기반한 사랑'과 '사랑에 기반한 공의'라는 복음의 본질을 잘 드러낸다. 이사야는 메시아의 도래와 사역을 예언하는 40장에서 굴곡진 세상의 불평등한 모습을 '골짜기'와 '언덕'으로 묘사한 후, 언덕의 흙을 떠내서 골짜기를 메움으로 평평하게 만드는 정지 작업 은유를 통해 가난한 자에게 복음이 전파되는 공의의 개념을 풀어낸다. "외치는 자의 소리여 이르되 너희는 광야에서 여호와의 길을 예비하라. 사막에서 우리 하나님의 대로를 평탄하게 하라. 골짜기마다 돋우어지며 산마다, 언덕마다 낮아지며 고르지 아니한 곳이 평탄하게 되며 험한 곳이 평지가 될 것이요. 여호와의 영광이 나타나고 모든 육체가 그것을 함께 보리라. 이는 여호와의 입이 말씀하셨느니라"(사 40:3-5).

　복음은 하나님의 사랑의 구현일 뿐 아니라 공의의 구현이기도 하다. 그리스도를 세상에 보내어 십자가를 지게 하심으로 하나님의 사랑이 절정에 이르렀고, 동시에 십자가는 하나님의 공의를 온전히 만족시킨 현장이기도 했다. 사랑의 하나님이 아니시라면 아예 그리스도를 세상에 보내시지 않았을 테고, 공의가 배제된 온정주의라면 굳이 그리스도가 죽으실 필요 없이 그냥 없던 일로 치부해도 되었을 것이다. 십자가에서 놀라운 사랑의 하나님을 발견함과 동시에, 죄의 삯은 사망이고(롬 6:23) 피흘림 없이는 죄사함이 없는(히 9:22) 의로운 원칙을 추호도 타협하실 수 없는 공의의 하나님을 만나야 한다. 따라서 그리스도의 십자가는 하나님의 사랑과 공의라는, 인간의 논리로는 상반되어 보이는 두 가지 요구를 동시에 완벽하게 만족시킨 '신의 한 수'였다.

　하나님의 사랑과 공의를 반영하는 복음을 세상에 전파하도록 위탁받은 교회가 섣불리 기득권에 편승해서 거기서 떨어지는 떡고물을 챙기는 것은 복음이 본질을 왜곡하는 일임과 동시에 교회의 사명과 존재 의미를 포기하는 것과 같다. 교회는 스스로의 안녕과 복지를 위해 존재하는 집단이 아니고, 사랑과 공의의 복음을 구현하고 확산하는 하나님의 일에 참여하도록 초청받은 선교적 공동체이기 때문이다. 주님이 그러하셨듯, 그분의 몸인 교회가 세상에 전파하고 구현해야 할 메시지는 악과 불의의 사슬에서 자유케 하는 희년("주의 은혜의 해", 눅 4:19)의 선포다. 희년은 하나님의 사랑과 공의를 동시에 드러낸다. 구약에서 은혜와 사랑은 히브리 단어 '헤세드'(chesed)로 표현되는 동의어다. 누가복음에 인용된 이 사야서 본문은 두 개념을 "여호와의 은혜의 해와 우리 하나님의 보복의 날"(사 61:2)로 통전적으로 담아낸다.

크로아티아 출신으로 미국 예일 대학교에서 가르치고 있는 미로슬라브 볼프(Miroslav Volf)라는 신학자가 있다. 냉전이 끝나면서 구유고슬라비아가 세르비아, 몬테네그로, 슬로베니아, 북마케도니아, 크로아티아, 보스니아헤르체코비나, 코소보라는 여섯 독립국과 하나의 자치령으로 해체되는 과정에서 벌어진 인종 청소의 잔혹행위가 당시 뉴스를 통해 전 세계에 알려진 바 있다. 그 극한 상황을 통과하면서 볼프는 과연 그 현장에서 복음과 교회의 의미 및 역할은 무엇인지 실존적 질문에 사로잡혔고, 그 결과물이 우리에게 널리 알려진 『배제와 포용』(Exclusion and Embrace: A Theological Exploration of Identity, Otherness, and Reconciliation, IVP)을 포함한 일련의 저서들이다. 한 공개 인터뷰에서 하나님의 사랑과 공의에 관한 그의 언급이 지금도 깊이 박힌 못처럼 생생하게 기억나는데, 사랑의 하나님이 어떻게 공의롭지 않으실 수 있겠냐는 게 요지였다.

사회적 약자로서 강자로부터 무도하고 억울한 일을 당해 본 사람이라면, 또한 불공평한 세상에서 '유전무죄 무전유죄'라는 불의를 겪고도 정의로운 해법을 찾지 못해 화병을 앓아 본 사람이라면, 불의가 척결되고 원통함이 치유되어 하나님의 공의가 회복되는 것이 사랑보다 더 절실한 필요로 여겨질 것이다. 그래서 요한계시록은 복음 때문에 불의하고 억울한 죽임을 당한 영혼들의 탄원을 다룬다. "어린양이 다섯째 봉인을 떼실 때에 나는 하나님의 말씀을 증거하다가 죽음을 당한 사람들의 영혼이 제단 아래 있는 것을 보았습니다. 그들은 큰 소리로 '거룩하고 참되신 주님, 언제나 땅에 사는 사람들을 심판하여 우리를 죽인 원수를 갚아 주시렵니까?' 하고 부르짖었습니다"(계 6:9-10, 현대인의성경).

공의가 부재한 사랑은 공허할 뿐 아니라 도리어 사람들의 공분을 불러일으킨다. 이창동 감독의 영화 〈밀양〉이나 최근 세계적 주목을 받은 넷플릭스 드라마 〈더 글로리〉를 필두로 수많은 영화와 드라마와 소설이 공의가 실종된 채 값싼 은혜와 비굴한 온정주의를 내세우는 현대 교회의 참을 수 없는 가벼움을 고발하는 이유다. 하나님은 결코 사랑을 빌미로 공의를 타협하시는 온정주의자가 아니시고, 공의를 빌미로 비정한 폭력을 정당화하시는 율법주의자도 아니시다. 그분의 통치를 받는 교회도 마땅히 그래야 한다. 선교는 사랑과 공의의 복음을 구현하고 전하는 일이다.

메시아의 초림과 재림: 하나님 나라의 점진적 성취

오랫동안 대망하던 메시아가 마침내 세상에 오셨고, 그분의 도래는 하나님 나라, 즉 하나님의 통치가 이 땅에 본격적으로 시작되는 새로운 시대의 출발이라고 성경은 가르친다. 그런데 이 세상은 왜 여전히 고통스럽고 불완전한 모습 그대로일까? 성육신하신 그리스도는 왜 짧은 기간만 세상에 머무신 후 여전히 남아 있는 수많은 문제들을 뒤로한 채 떠나셨는가? 그분이 훗날 다시 오셔야 하는 이유는 무엇이며, 초림과 재림 사이의 시대적 의미는 무엇인가? 그 어간에 세상에 존재하는 교회의 정체성과 역할은 무엇인가? 꼬리에 꼬리를 무는 질문들은 성경이 가르치는 하나님 나라의 심오하고 복합적인 개념을 깊이 학습하고 깨달아야 할 필요를 드러낸다.

여러 타종교에도 일종의 메시아 개념이 있는데, 그 가르침에 따르면 고통받는 세상에 메시아가 도래하면 단번에 세상의 모든 문제가 사라지고 새로운 유토피아가 시작된다. 오랜 세월 유대인들이 믿어 왔고 지금도 대망하는 메시아는 그런 격변적 혁명을 일으키실 분이다. 시한부 종말론과 맥을 같이하는 이 메시아 사상에 따르면 예수님은 결코 메시아이실 수 없다. 그분이 오신 지 2천 년이 넘도록 그들이 대망하는 신천지의 개벽은 일어나지 않았기 때문이다. 그래서 그들은 지금도 단번에 세상을 뒤집으실 혁명가 메시아의 도래를 기다리고 있는 것이다.

완성된 계시인 신약성경은 유대인이나 타종교의 단선적 메시아 관점과 대조되는 이중적 도래를 가르친다. 죄로 망가진 세상에 그리스도가 오심으로 자비롭고 공의로운 하나님의 나라가 현저히 침투했고, 훗날 그분의 재림으로 그 나라가 궁극적으로 완성된다는 가르침이다. 엄밀히 말하면 그리스도는 세상을 떠나신 적이 없고, 그분의 영이신 성령을 그분의 몸인 교회에 보내셔서 지금도 교회의 머리로 세상에 존재하시면서 그분의 일을 지속하고 계신다. 성육신하셔서 우리 곁에 오신 그분이 물리적으로 세상을 떠나실 즈음, 제자들을 고아처럼 버려두지 않겠다고 약속하시면서 그분의 몸인 교회에 그분의 영인 성령을 보내신 이유가 바로 여기 있다(요 14:16-18).

그리스도께서 성령과 교회를 통해 여전히 세상에 존재하신다는 놀라운 가르침은 삼위 하나님의 선교(missio Dei Trinitatis) 관점에서 선교적 교회론을 깨닫게 한다. 성부가 성자를 보내시고, 다시 성령을 보내시는 삼위 하나님의 선교가 진행되는 문맥에서, 인간들의 모임인 교회를 신적 공동체(그리스도의 몸)로 부르시고 삼위 하나님의 선교에 동참하도록 초청하신 사실은 아무리 반복해서 들어도 거듭 놀랄 만한 경이로운 소식이다. 이 개념은 그리스도의 초림과 재림 사이에서 이 세상에 존재하는 교회의 선교적 의미를 분명히 드러낸다. 마태복음의 선교적 대위임령이 주께서 세상

끝날까지 항상 함께하시겠다는 약속(마 28:20)으로 귀결되는 것도 삼위 하나님의 선교에 동참하는 교회의 선교적 본질을 잘 보여 준다. 교회는 메시아의 초림과 재림 사이를 연결하는 그리스도의 몸이요 선교적 공동체다. 따라서 교회를 배타적 특권 집단으로 정의할 성경적 근거는 전혀 없다.

프랑스 신학자 오스카 쿨만(Oscar Cullmann)은 그리스도의 이중적 도래와 그 사이의 선교적 의미를 명쾌하게 설명하는 대표적 신학자다. 제2차 세계대전의 은유를 통해 그는 초림하신 그리스도께서 십자가와 부활로 사탄의 권세를 깨뜨리신 사건을 1944년 6월 6일 감행된 연합군의 노르망디 상륙 작전(D-Day)에 견준다. 그 작전의 성공으로 독일과 이탈리아와 일본으로 구성된 추축국의 전세가 현저히 꺾이고 연합군의 승리가 뒤집을 수 없는 기정사실이 된 것처럼, 그리스도의 십자가와 부활은 사탄의 권세를 현저히 제압한 사건(D-Day)이었다. 하지만 노르망디 상륙 작전의 혁혁한 전과에도 불구하고 즉시 종전이 선포되지는 않았다. 추축국의 무조건적 항복을 받아 내어 연합군의 실효적 승리(V-Day)가 구현되기까지 1년 이상 다양한 국지전이 지속된 것처럼, 그리스도의 승천 이후 사탄의 패잔병들을 토벌하고 지구촌 곳곳에 하나님 나라 공동체를 확장하는 선교적 과업이 이 시대, 곧 성경이 말하는 말세에 이 세상을 살아가는 교회의 사명인 것이다.

한편 "여자의 후손"으로 상징되는 그리스도께서 뱀으로 상징되는 사탄의 머리를 상하게 할 것이라는 구약의 약속(창 3:15)이 매우 적절한 비유라는 생각이 든다. 뱀의 머리를 깨뜨리거나 심지어 잘라도 뱀의 몸은 한동안 꿈틀거리며 죽음을 거부한다. 그리스도의 십자가와 부활로 사탄이 치명상을 입었지만, 여전히 엄청난 규모의 남은 과업이 교회 앞에 놓여 있다. 힘들고 지루한 과업이지만, 이미 확보된 승전의 보장과 성령을 통한 그리스도의 임재, 그리고 마침내 사탄의 나라를 최종적이고 불가역적으로 멸하실 재림의 날(V-Day)을 소망하며 교회는 선한 싸움을 끝까지 싸워야 한다. 그런 관점과 순종의 과정이 생략된 채 주님의 재림만 기다리는 시한부 종말론이 무책임한 오류인 이유가 바로 여기 있다. 존 스토트는 메시아의 도래와 하나님 나라의 점진적 성취를 '즉각적 성취'(그리스도의 초림), '중간적 성취'(선교 시대), 그리고 '궁극적 성취'(그리스도의 재림)로 설명한다.

선교, 하나님 나라의 위임령

결국 선교는 제도 종교의 확장이 아니라 하나님 나라의 확장을 추구한다. 하나님이 그분의 통치를 회복하시고자 우리를 만나 주셨고, 또 우리에게 선교적 과업을 위탁하셨다. 선교를 통해 전달되는 메시지는 하나님 나라 메시지, 즉 '은혜와 진리의 하나님', '사랑과 공의의 하나님'의 통치에 관한 메시지여야 한다. 현대 교회가 전도와 선교의 이름으로 전하는 메시지는 과연 하나님 나라 메시지인지 정직하게 자문해 봐야 하고, 전도와 선교의 열매로 하나님의 사랑과 공의가 구현되는지 살펴봐야 한다. 앞에서 논한 대로, 세례 요한의 입을 통해 하나님이 우리에게 던지시는 회심의 진정성에 관한 신랄한 도전(마 3:7-9) 앞에 끊임없이 서야 한다. 먼저 우리가 진심으로 회심을 통과한 그리스도인인지 아니면 종교 소비자나 그리스도인을 가장한 무속 신자인지 분별해야 하고, 또한 전도와 선교의 대상에게 어떤 메시지를 전하고 있는지 확인해야 한다.

광신적 열심을 부추기는 종교 중독이 아니라 성경이 가르치는 건강한 영성을 추구해야 하듯, 전도와 선교도 단순히 열심을 강조하기보다 하나님 나라의 복음을 살아 내고 확산하는 데 초점을 맞춰야 한다. 바리새인들도 나름 열심히 선교했지만, 주님은 그들의 선교적 열정을 칭찬하시기는커녕 도리어 저주하셨다는 사실을 무겁게 받아들여야 한다. "율법학자들과 바리새파 사람들아! 위선자들아! 너희에게 화가 있다! 너희는 개종자 한 사람을 만들려고 바다와 육지를 두루 다니다가, 하나가 생기면 그를 너희보다 배나 더 못된 지옥의 자식으로 만들어 버리기 때문이다"(마 23:15, 새번역). 얼마나 열심히 얼마나 많은 대상에게 선교하는지도 물론 중요하지만, 어떤 메시지를 전하는지는 더욱 중요하다. 하나님 나라 복음에 부합하지 않거나 함량이 부족한 메시지는 그 대상을 "배나 더 못된 지옥의 자식으로 만들어 버리기 때문이다."

하나님 나라의 복음은 본질적으로 사탄과 악, 그리고 그 결과물인 사망에 대한 현재적(already)이고 종말적(not yet)인 승리의 메시지다. 회심은 사탄과 악의 다스림을 벗어나 하나님의 선한 통치로 돌아서는 일이다. 따라서 날마다 우리의 존재와 삶이 하나님의 다스리심을 받고 있는지 스스로 관찰하고 검증해야 한다. 연습하지 않아도, 죄성은 본능적으로 우리를 악한 선택으로 이끈다. 그러나 하나님의 통치를 받는 사람은 악한 본성을 거슬러 자신의 주인이신 하나님의 선하고 온전하고 기뻐하시는 뜻을 분별하고 순종한다(롬 12:2). 그것은 종교적 고행주의나 율법주의가 아니라, 진짜 좋은 맛(회심한 가치)을 알게 되면 나쁜 맛(타락한 가치)이 싫어지는 개념이다. 원두커피 맛을 터득한 후 더 이상 믹스커피의 달콤한 유혹에 빠지지 않게 되는 것과 유사한 이치다.

세상에는 눈에 보이지 않는 사탄을 두려워하지 않고, 악을 혐오하기보다 도리어 즐기는 뒤틀린 가치관이 팽배하다. 그러나 모든 사람은 죽음을 두려워한다. 참 생명이신 그리스도께 붙어 있는 성도는 최후의 원수인 사망(고전 15:26)의 권세로부터 이미 해방된 자다. 그가 누리는 참 생명(영생)은 현존하는 미래, 즉 미래적이면서 현재적이다. C. S. 루이스는 "만물의 마지막에 복받은 자들은 '우리는 하늘나라 아닌 어느 곳에서도 산 적이 없다'고 말할 것이고, 버림받은 자들은 '우리는 항상 지옥을 살았다'고 말할 것이다"라고 말한다.

그리스도께 붙음으로 우리의 영생이 이미 시작되었고, 종말적 완성의 소망 가운데 이생의 죽음을 두려워하지 않는다. "사망아 너의 승리가 어디 있느냐? 사망아 네가 쏘는 것이 어디 있느냐?"(고전 15:55) '믿음 장'으로 알려진 히브리서 11장은 그런 사람을 세상이 감당할 수 없다고 말한다. 영생을 지금 여기서 누리는 자라야 선교적 역할을 감당할 수 있다. 그것은 미래의 절정을 소망하며 현재의 선교적 삶을 살아가는 순례의 여정이다. 초대교회가 과업의 완수(마 24:14)와 메시아의 재림을 대망하며 환난과 핍박 중에도 '마라나타!'를 외치며 정진할 수 있었던 비결이다.

하나님의 주권에 속한 대위임령

재림의 소망 가운데 교회가 선교적 과업에 헌신하고 정진하는 게 옳지만, 우리의 시선이 하나님의 주권에서 벗어나면 선교가 자칫 인본주의적 열심으로 변질될 위험의 소지가 있다. 소위 대위임령으로 알려진 마태복음의 마지막 구절을 표어로 내세우며 진행된 선교 운동에 건강한 사례뿐 아니라 과거와 현재의 흑역사도 포함되기 때문에 그 말씀의 의미를 재고해 볼 필요가 있다.

누차 언급한 대로, 선교는 우선적으로 우리의 의도나 과업이 아니라 하나님의 뜻이고 삼위 하나님의 일이다. 엄밀히 말해서, 선교의 동인은 하나님으로부터 나온다. 선교는 자기중심적 성향이

강한 인간의 동인이 아니라, 만유의 회복을 염원하시는 창조주 하나님의 관심사다. 행위 구원이 아닌 은혜를 강조하는 기독교에서 선교적 동인을 조성하기는 매우 어렵다. 많은 선을 쌓아(積善) 극락영생하는 가르침이 아니라 오롯이 그리스도의 은혜에 기대는 종교로서 선교라는 선행을 쌓아야 그 공로로 구원받는 게 아니기 때문이다. 공로주의 논리로 선교와 전도의 동기를 부추기려는 경향은 선교가 하나님의 일이라는 사실을 헤아리지 못한 결과일 뿐 아니라, 선교가 하나님께 속한다는 깨달음이 우리 안에 얼마나 폭발적인 은혜의 혁명을 일으킬 수 있는지 제대로 파악하지 못한 데 기인한다.

    선교는 원천적으로 하나님의 일이다. 잘 살펴보면, 마태복음의 대위임령도 우리의 선교가 아닌 하나님의 선교가 핵심이다. 소위 '봉투 구조'(inclusio)라는 문학적 기법이 사용된 본문은 선교적 권위와 권세가 오직 그리스도께 있음을 먼저 환기시킨다(18절). 이어서 우리에게 위임령(19-20a절)을 주신 후 주님이 끝까지 동행하실 것이라는 신적 보증(20b절)을 통해 선교가 전적으로 하나님의 일임을 드러내신다. 마태복음 마지막 절의 동행 언약은 첫 부분의 그리스도 탄생 기사에 인용된 임마누엘(마 1:23) 개념과 짝을 이루면서 마태복음서 전체가 봉투 구조를 이룬다. 즉, 마태복음은 임마누엘로 시작해서 임마누엘로 끝나는 신본주의 복음서인 셈인데, 그 사이에 나오는 "두세 사람이 내 이름으로 모인 곳에는 나도 그들 중에 있느니라"(마 18:20)란 약속이 그 사실을 강화할 뿐 아니라 그리스도의 임재와 동행이 공동체 차원의 약속임을 보여 준다. 공동체이신 삼위 하나님이 선교 공동체인 교회의 여정에 친히 동행하시고 이끄신다는 보증 때문에 우리가 선교적 과업에 뛰어들 엄두를 감히 낼 수 있는 것이다.

- 신적 권위: "하늘과 땅의 모든 권세를 내게 주셨으니"(18절).
- 선교적 위임령(19-20a절).
- 신적 보증: "볼지어다, 내가 세상 끝날까지 너희와 항상 함께 있으리라"(20b절; 1:23).

성자를 세상에 보내심은 성부께서 자기 백성과 맺으신 동행 언약(사 7:14)을 지키시는 방식이었고, 성령의 강림은 우리를 고아와 같이 버려두지 않겠다는 성자의 동행 언약(요 14:16-18)을 구현하시는 방식이다. 중요한 것은, 삼위 하나님의 동행 언약이 선교적 맥락에서 주어졌다는 사실이다. 요한복음 15장의 포도나무 비유나 바울의 교회론인 그리스도의 몸 비유는 단순한 동행 차원을 뛰어넘어 일심동체의 친밀한 관계로 초청하시는 관계적 본질을 설파한다. 그뿐 아니라 그분께 접붙임을 통해 비로소 가능해지는 선교적 결실(열매)을 가르친다. 즉, 선교란 우리가 하나님을 위해 공로를 쌓는 일이 아니라 전적으로 하나님의 일로서, 그분께 접붙임받음으로 그분의 일에 동참하게 되는 특권이다.

　선교가 교회나 선교 단체, 또는 선교사의 일이 아니라 우선적으로 하나님께 속했다는 사실을 깨닫는 경험은 내 마음에 평안과 자유가 회복되는 계기가 되었다. 오랜 기간 선교 단체에 속해 다양한 현장과 사역에 참여한 선교사로서 지녔던 세계 선교에 대한 솔직한 심정은 유명한 영화 〈미션 임파서블〉(Mission Impossible)처럼 불가능한 과업이었다. 선교란 도무지 인간의 힘으로 감당해 낼 수 있는 게 아니었고, 주께서 명하시지 않았다면 오래전에 포기했을 과업이었다. 선교적 과업의 성취가 가능하다면, 그것은 우리가 잘 준비되었거나 유능해서가 아니라 오롯이 하나님의 일이기 때문이다. 그분이 주도하는 선교라는 사실을 깨닫는 순간 밀려온 안도감과 자유함은 나를 무책임한 방관자로 만들기보다 도리어 그 어려운 과업에 감히 뛰어들 용기를 공급하는 원천이 되었다.

하나님의 신실하심에 기대는 믿음

만사가 하나님의 주권 아래 있다는 사실은 신앙(faith)의 본질이 인간의 의지나 노력이 아니라 하나님의 신실하심(faithfulness)에 기초한다는 사실을 가르친다. 구원이 확실성이란 상황에 따라 변하는 인간의 의지나 신념이 아니라, 어제나 오늘이나 영원토록 변치 않으시는 하나님의 신실성에 근거한다. 따라서 신앙은 신념이 아니라 신뢰다. 신념은 인간의 의지(意志)에서 나오는 능동성이지만, 신뢰는 하나님의 신실하심에 기대고 의지(依支)하는 수동성이다. 강한 신념이 좋은 믿음이라면, 그건 은혜가 아니다. 구원의 확실성은 신념의 강함에 있지 않고, 우리가 의심할 때조차 우리를 내치지 않고 보듬으시는 하나님의 신실하심에 근거한다. 대위임령 직전의 두 절은 일부 제자들의 흥미로운 모습을 기록한다. "열한 제자가 갈릴리에 가서 예수께서 지시하신 산에 이르러 예수를 뵈옵고 경배하나 아직도 의심하는 사람들이 있더라"(마 28:16-17).

3년간 주야로 예수님을 따르면서 배우며 훈련받았고, 부활하신 주님과 40일을 동행한 제자들 중 일부가 승천을 앞둔 예수님을 대면하면서도 의심했다니 놀랍지 않은가. '믿음 없는' 그들은 지옥불에 던져졌을까? 그렇지 않다고 생각한다. 믿음은 인간의 의지력이 아닌 하나님의 은혜이기 때문이다. 사실 인간의 의지는, 강한 척하는 사람들이 더러 있긴 하지만, 그리 강하지 않다. 그래서 인간은 끊임없이 의심한다. 나도 마찬가지다. 그러나 하나님의 신실하심은 조건이나 상황과 무관하게 불변하고 구원의 확실성은 오직 그분께 속한다. 믿음은 신실하신 하나님께 기대는 것이므로, 믿음의 대상은 우선적으로 '누구'이지 '무엇'이 아니다. 의심이 몰려들 때 우리가 취해야 할 바른 대응은 절망이 아니라, 귀신들린 아이의 아비처럼 "내가 믿습니다. 믿음 없는 나를 도와주십시오"(막 9:24, 새번역)라고 주님께 호소하고 매달리는 일이다. 탁월한 신학자이자 변증가인 버나드 램(Bernard Ramm)은 "믿음은 죄와 반대 개념으로, 죄가 인간의 자유 선언인 반면 믿음은 의존의 선언이다"라고 정의한다.

믿음이 은혜이기 때문에 크고 작은 믿음이 있는 게 아니라 진실되게 하나님을 의존하는지 여부가 중요하다. 영국의 저명한 설교자 찰스 스펄전(Charles Spurgeon)은 "큰 믿음이 아니라 참된 믿음으로 구원에 이른다. 구원은 믿음에 달려 있는 게 아니라 그리스도께 달려 있고, 믿음은 그분께 기대는 것이다.…중요한 것은 믿음의 크기가 아니라 믿음의 진실성"이라고 말한다. 톰 라이트도 『작은 믿음, 크신 하나님』(Small Faith, Great God, 두란노)이란 책을 통해 우리에게 위대한 믿음이 필요한 게 아니라, 위대한 하나님께 기대는 겸허하고 진솔한 믿음이 필요하다고 말한다.

사실 '위대한'이란 수식어는 오직 하나님께만 붙여야 마땅하다. 사람은 위대하지 않고, 인간의 신념이 위대한 것도 아니기 때문이다. 흔히 '큰 믿음'의 사례로 자주 인용되는 엘리야의 경우도, 사실은 그가 위대한 게 아니라 그를 위대한 일에 사용하신 하나님이 위대하신 것이다. 주의 형제 야고보는 엘리야도 우리와 별반 다르지 않은 연약하고 평범한 인간이라고 일갈한 바 있다. "엘리야는 우리와 똑같은 사람이었지만 비가 오지 않게 간절히 기도하자 3년 6개월 동안이나 비가 내리지 않았습니다"(약 5:17, 현대인의성경).

몇몇 저서를 통해 나에게 기독교 영성의 스승이 된 A. W. 토저는 믿음이 우리가 도달하는 결론이 아니라 평생 살아 내는 여정이라고 가르쳐 주었다. 비범한 종교적 체험이나 특정 훈련 과정을 이수함으로써 대단한 믿음에 도달하는 게 아니라, 날마다 순간마다 위대하신 하나님께 기대는 의존적 삶의 여정이라는 의미다. 위대하신 하나님의 선교에 우리가 참여한다는 것은 그분의 주권에 기대는 믿음의 행위다. 청지기로서 우리에게 위탁된 일을 충실히 감당해야 하지만, 결과로 나타나는 열매는 전적으로 하나님의 은혜임을 인정하는 바울의 자세를 배워야 한다. "나는 심었고 아볼로는 물을 주었으되 오직 하나님께서 자라나게 하셨나니, 그런즉 심는 이나 물 주는 이는 아무것도 아니로되 오직 자라게 하시는 이는 하나님뿐이니라"(고전 3:6-7). 여기서 심은 바울이나 물을 준 아볼로는 아무것도 아니라는 고백에 주목할 필요가 있다. 사역의 열매를 하나님 아닌 자신의 공로로 돌리는 교만한 사역자가 역사적 교회와 현대 교회를 망치는 주범이고, 그것이 곧 신성모독의 본질이다.

'목회자들의 목회자'라는 별칭으로 널리 알려진 유진 피터슨(Eugene H. Peterson)은 『목회자의 영성』(*The Contemplative Pastor*, 포이에마)에서 기독교 영성을 동일한 관점으로 정의한다. "기독교 영성은, 우리가 알지 못하는 가운데 하나님께서 항상 무언가를 하고 계시다는 사실을 전제한다. 따라서 우리의 과업은, 우리가 필요하다고 생각하는 일을 하나님을 움직여 성취하는 게 아니라, 하나님께서 무엇을 하고 계신지 깨달아 거기에 반응하고 참여하고 즐기는 데 있다." 전도자나 선교사가 자신의 사역을 통해 예수님을 믿는 사람이 생겼을 때도 자기가 그 사람을 믿게 했다고 말하면 안 된다. 이미 거론한 대로, 믿음은 하나님이 선물로 주시는 은혜이기 때문이다.

하나님은 인간의 사역을 기꺼이 사용하시지만, 거기 의존하시지는 않는다. 우리 도움이 필요해서 도와 달라고 간청하시는 게 아니고, 실상 모든 열매는 그분의 작품이다. 우리가 전도한 대상이 그리스도를 주님으로 영접했다면, 그것은 우리의 성과가 아니라 우리를 통해 그 사람을 믿게 하시는 하나님의 은혜다. "내가 너희에게 알리노니 하나님의 영으로 말하는 자는 누구든지 예수를 저주할 자라 하지 아니하고, 또 성령으로 아니하고는 누구든지 예수를 주시라 할 수 없느니라"(고전 12:3). 찰스 스펄전은 "하나님께서 우리 손을 통해 일하신다는 사실이 놀랍지만, 실상은 그분의 손이 모든 일을 이루신다"고 말한다.

피해야 할 두 극단

매사에 우리가 피해야 할 양극단이 있다. 구약성경이 좌로나 우로나 치우치지 말라는 경고를 반복하는 이유는, 어떤 사안이든 건강한 균형을 유지하기는 어렵지만 한쪽 극단으로 치우치기 쉬운 인간의 연약함 때문이다. 체조 선수가 10센티미터밖에 안 되는 좁은 평균대 위에 서 있기 어렵고 좌우편으로 떨어지는 게 쉬운 것과 유사한 이치다. 정치, 경제, 사회, 문화, 사상, 체제 전반에 확증 편향적 양극화가 갈수록 심화되는 현상이 그 사실을 반증한다.

가이사의 것은 가이사에게 돌려야 하듯, 세상 나라를 살아가는 시민으로서 법과 질서를 준수하고 다양한 이슈에 대한 판단과 의사 결정을 내리며 참여하는 일이 필요하다. 그러나 하나님 나라에 속한 교회가 특정 체제나 이데올로기의 뒷배나 시녀 노릇을 해서는 안 된다. 편견이나 이익에 따라 편을 가르고 상대방을 공격하며 배타적 우위를 선점하려는 무한 경쟁은 죄의 결과물이다. 교회는 어느 편도 아니며, 특정 편향성에 매몰돼서도 안 된다. 오직 성경적 진리에 입각해서 옳은 것은 옳다 하고 그른 것은 그르다 하는 선지자적 역할을 감당해야 한다. 잘못하는 왕을 질책하면 좌파로 매도될 것이고, 그릇된 백성을 책망하면 어용이라는 누명을 쓸 것이다. 선지자는 어느 편에도 야합해서는 안 되고, 도리어 양쪽으로부터 돌을 맞는 게 정상이다.

선교적 맥락에서 우리가 피해야 할 두 극단 중 하나는 승리주의에 입각한 행동주의고, 다른 하나는 패배주의에 따른 이원론적 현실 도피다. 전자는 성령께 의존하기보다 스스로 '하면 된다'는 식의 인본주의적 치기와 열정의 산물이다. 이는 성령의 인도를 따르는 방식이 아니라, 일단 저지르고 보자는 빗나간 방식이다. 과거 어느 선교 포럼에서, 인간의 능력을 과신하는 승리주의적 행동은 성령의 정신이 아니라 나이키 정신("Just do it")이라는 농반진반 발언을 한 적이 있다. 하나님이 친히 선교의 주인이시므로, 그분의 선교에 그분의 방식으로 참여해야 한다. 따라서 하나님의 선교에 동참하는 교회는 하나님보다 앞서가지 말고 그분의 임재와 인도를 기다리고 반응해야 한다. 성경이 가르치는 건강한 수동성이 바로 그것이다. 마태복음의 대위임령 자체가 삼위 하나님께 의존하는 우리의 선교 참여를 드러낸다는 사실을 앞에서 살핀 바 있다.

누가는 부활하신 그리스도께서 제자들을 하나님의 선교에 동참하도록 초청하신 후, 서둘러 뛰어나가 열심히 일하라 하시지 않고 선교의 영이신 성령의 강림과 인도를 기다리라고 명하신 말씀으로 그의 복음서를 마감한다. "또 그의 이름으로 죄사함을 받게 하는 회개가 예루살렘에서 시작하여 모든 족속에게 전파될 것이 기록되었으니, 너희는 이 모든 일의 증인이라. 볼지어다 내가 내 아버지께서 약속하신 것을 너희에게 보내리니 너희는 위로부터 능력으로 입혀질 때까지 이 성에 머물라"(눅 24:47-49). 누가는 그의 두 번째 책 사도행전에서 같은 말을 되풀이한다. "사도와 함께 모이사 그들에게 분부하여 이르시되 예루살렘을 떠나지 말고 내게서 들은 바 아버지께서 약속하신 것을 기다리라"(행 1:4). "성령의 인도를 받는 하나님의 자녀는 가려는 만큼 기다릴 줄 알아야 하고, 말하려는 만큼 침묵할 줄 알아야 한다"고 일갈한 달라스 신학교 창립

자 루이스 채퍼(Lewis S. Chafer)의 말이 생각난다.

누가가 기록한 마르다와 마리아 자매 이야기(눅 10:38-42)가 바로 이 문제와 연결된다. 두 자매 모두 주님이 그들 집을 방문하신 것을 기뻐했는데, 마리아는 즉시 주님의 발치에 앉아 말씀을 들은 반면, 마르다는 음식 준비를 포함하여 손님 대접을 위한 섬김의 일로 몸과 마음이 매우 분주했다. 마땅히 해야 할 일을 한 것이지만, 마르다는 행동주의적 성향으로 스스로를 힘들게 했을 뿐 아니라 자기를 돕지 않고 주님의 말씀을 듣는 마리아를 향해 감정적 쓴 뿌리를 키웠다. 주님을 섬기기 위해 최선을 다하는 게 잘못은 아니지만, 두 자매를 방문하신 주님의 의도를 헤아리기보다 자기 생각에 필요하다고 여기는 일에 몰두함으로 도리어 주님의 뜻을 거스르는 결과가 발생했다. 대접도 좋지만, 주님이 정말 원하시는 것은 대화와 친밀한 교제였다. "마리아는 이 좋은 편을 택하였으니 빼앗기지 아니하리라"(42절). 선교의 과업을 나름대로 규정해서 열심히 수행하다 탈진하기보다, 주님과 깊고 친밀한 교제의 관계로 들어가 그분의 선교에 그분의 방식으로 참여해야 하는 이유다. 마리아처럼 친밀한 관계를 유지해야 마르다의 섬김이 탈진에 빠지지 않고 주님을 기쁘시게 할 수 있을 것이다.

선교적 맥락에서 우리가 피해야 할 또 다른 극단은 패배주의와 그에 따른 이원론적 현실 도피다. 패배주의에 빠진 사람의 특징은, 인간의 모든 수고와 노력이 무용지물이며 따라서 뭐든 해 보려고 시도하지 말고 세상과 단절된 골방이나 산속으로 도피해서 주님의 재림을 기다리며 종교 활동에만 몰두하자는 부류다. 시한부 종말론과 유사한 이런 집단은 다양한 문화적 교회의 한 유형이 아니라, 세상을 위해 세상으로 보냄받은 교회의 정체성과 사명에 정면으로 대치되는 파행이다.

요한복음 17장에서 주님은 교회를 위한 중보 기도를 통해 도피적 은둔을 원천적으로 거부하셨다. 그리스도의 교회론이라 할 수 있는 이 장의 요지를 한 신학자는 "세상에 있되 세상에 속하지 않음으로 세상을 위하는"(in the world, not of the world, but for the world) 선교적 교회론으로 요약한 바 있다. "내가 비옵는 것은 그들을 세상에서 데려가시기를 위함이 아니요, 다만 악에 빠지지 않게 보전하시기를 위함이니이다. 내가 세상에 속하지 아니함같이 그들도 세상에 속하지 아니하였사옵나이다. 그들을 진리로 거룩하게 하옵소서. 아버지의 말씀은 진리니이다. 아버지께서 나를 세상에 보내신 것같이 나도 그들을 세상에 보내었고"(요 17:15-18).

하나님 나라를 구하는 기도

하나님의 주권에 기대는 외존성은 우리를 사역보다 먼저 기도로 이끈다. 하나님께 의존하지 않거나 그분을 향한 기대감이 없으면 기도하지 않게 된다. 또한 자기가 주님을 도와드리는 일이 선교라고 생각하는 사람은 기도하지 않을 것이다. 기도할 시간에 차라리 작은 일 하나라도 더 해야 한다는 강박관념에 사로잡힐 것이기 때문이다. 기도의 유무가 하나님께 대한 우리의 믿음을 검증하는 기준인 이유다. 할 일이 너무 많고 분주해서 더욱더 기도하게 되었다는 종교개혁자 루터의 말은 바로 이런 의미였을 것이다.

모든 종교에 기도가 있다. 타종교의 기도와 기독교의 기도는 무엇이 어떻게 다른가. 복음이 하나님의 통치에 관한 좋은 소식이고, 선교가 그분의 통치를 확장하는 일이니 당연히 하나님 나라를 구하는 것이 성경적 기도일 것이다. 제자들의 그릇된 기도를 바로잡아 주신 주기도는 그런 의미에서 기독교 세계관 및 가치관에 입각한 기도인 셈이다. 일상의 다양한 필요를 하나님께 아뢰고 구하는 것이 잘못은 아니다. 주기도에도 "일용할 양식"을 구하는 내용이 나온다. 만물이 하나님의 것이고 만사가 그분의 섭리 가운데 있으니, 인생사의 모든 문제를 그분께 의탁하고 구하는 것이 당연하다. 하지만 오직 일상의 필요가 동인이 되어 우리의 기도가 의식주에 국한된다면 그것은 타종교의 인본주의 기도와 다를 바 없다.

그래서 우리가 얼마나 많이 기도하는지가 신앙의 척도가 될 수 없고, 무엇을 왜 어떻게 기도하는지로 판단해야 한다. 성경은 간절히 전심으로 기도하라고 가르친다. 의무감에서 건성으로 하지 말고, 기도에 자기 존재의 무게를 실어서 지존자께 진실되게 기도하라는 의미다. 하지만 그리스도인이 타종교인보다 더 열심히 더 많이 기도하기는 쉽지 않을 것이다. 자신과 가정의 행복, 건강과 명성과 축재 등 무엇을 먹고 무엇을 입을까 염려하며 암자를 찾거나 용한 무당에 의탁해서 기도하는 사람들의 열심을 우리가 따라갈 수 있을까? 입산수도하며 장기간 면벽 수행하는 불자들의 열심을 흉내라도 낼 수 있을까? 일반인은 엄두도 못 낼 엄청난 고통을 감내하며 고행 공덕을 쌓는 이들의 종교적 열심을 우리가 따라잡을 수 있을까?

예수님의 지상 사역 당시 율법사들과 바리새인들이 아마도 종교적 열심 차원에서 두각을 나타낼 만한 집단이 아니었을까 싶다. 신약 시대와 중간기 문서들이 알려 주는 바리새파, 에세네파, 셀롯파 사람들의 종교적 헌신과 열심은 가히 존경할 만한 수준이다. 그런데 주님은 그들의 열심을 칭찬하시기는커녕 도리어 심하게 비판하셨다. 따라서 기도를 포함한 우리의 신앙생활은 단순히 종교적 열심이나 정량적 수치로 측정할 수 없기에, 성경이 가르치는 판단 기준을 깊이 배우고 깨달아야 한다.

주기도는 하나님 나라를 추구하는 것이 바른 기도임을 가르쳐 준다. 즉 성경이 가르치는 바른 기도는 정량적으로 측정할 대상이 아니다. 사실 우리에게는 항상 깨어서 기도하는 삶의 방식이 요구되기 때문에 기도를 정량화하는 것은 무의미하다. 데살로니가 교회에게 "쉬지 말고 기도하라"(살전 5:17)는 바울의 요구가 종교적 제의 차원의 기도를 의미하지는 않을 것이다. 그것은 불가능한 일이고, 그런 기준에 부합한 종교인은 기독교나 타종교에도 없다고 단언할 수 있다. 주님도 기도를 많이 하셨지만, 다른 일을 모두 제쳐둔 채 항상 기도만 하신 건 아니지 않은가. 앞에서 논한 대로, 기도는 매사를 하나님의 주권에 맡기는 의존이다. 그것이 쉬지 말고 기도하라는 바울의 의도였을 것이다. 그것은 마치 복 있는 사람은 주야로 하나님의 말씀을 묵상하는 자(시 1:2)라고 말한 시편 기자의 의도가 24시간 성경 공부만 하라는 의미가 아닌 것과 유사하다.

주님은 기도를 정량화하려는 그릇된 성향을 경고하신 후 주기도문을 주셨다. "또 기도할 때에 이방인과 같이 중언부언하지 말라. 그들은 말을 많이 하여야 들으실 줄 생각하느니라. 그러므로 그들을 본받지 말라"(마 6:7-8). 그런데 기도에 대한 정량적 접근이 여전히 교계에 만연한 모습이 안타깝다. 주기도는 기도의 길고 짧음이나 시간의 많고 적음과 무관하게 어떤 질의 기도가 중요한지 가르친다. 기도의 질은 분량이 아니라 변화된 내용(회심한)과 방향성으로 결정된다. 그것은 자기중심성을 벗어나 하나님의 의롭고 자비로운 통치("그의 나라")와 그분의 거룩한 이름("그의 의")을 구하는 선교적 기도의 전형으로, 이방 종교의 기도와 대조되는 차별성이 바로 여기 있다.

반전의 메시아, 십자가의 역설

그리스도는 하나님 나라 복음을 구현하는 사명을 어떻게, 어떤 방식으로 감당하셨는가? 우리가 상식적으로 기대하는 메시아와 매우 다른 모습으로 오셔서 우리의 기대와 정반대의 방식으로 그 일을 감당하신다. 그분은 그야말로 반전의 메시아이시다. 신적 권위를 스스로 비우시고 연약한 인간으로 오시되 소위 '금수저'가 아닌 몰락한 '흙수저' 가문에 태어나셔서, 수도 예루살렘이 아닌 변방 갈릴리 중심으로 엘리트 집단이 아닌 초라한 신분의 제자들을 양성하셨다. 힘센 사자가 아닌 고난받는 양의 모습으로, 섬김을 받기보다 섬기는 스승으로, 십자군 갑질이 아닌 십자가의 도를 선택하심으로 "유대인에게는 거리끼는 것이요 이방인에게는 미련한 것"(고전 1:23)이 되셨다. 고난받으며 섬기는 종의 이미지로 메시아를 계시한 이사야 53장은 구약 백성의 기대에도 어긋난 당혹스런 반전이었다. 그래서 그 내용을 정반대로 바꿔서 종교적 상식에 맞는 강성 메시아 이미지로 뒤튼 사본도 발견된다고 한다.

    십자가의 도는 권력과 부를 휘두르는 힘의 논리에 익숙한 현대 사회뿐 아니라, 본질적으로 동일한 가치관에 함몰된 현대 교회에게도 거리끼는 것이다. 역사적 교회는 성경에 일관되게 계시된 십자가의 도를 짐짓 무시한 채 종교적 상식에 맞는 메시아를 만들고 그 관점에 근거한 종교 집단으로 존재하면서 의식적, 무의식적으로 하나님의 선교를 방해한 경우가 많았는데, 안타깝게도 그것은 여전히 현재 진행형이다. 이것이 바로 팀 켈러(Timothy Keller)가 『내가 만든 신』(Counterfeit Gods, 두란노)에서, 그리고 도널드 크레이빌(Donald B. Kraybill)이 『예수가 바라본 하나님 나라』(The Upside-Down Kingdom, 복있는사람)를 통해 십자가 없는 복음으로 하나님 나라를 왜곡하는 현대 교회를 비판한 이유다. 따라서 우리는 십자가 복음과 상식적 종교 사이에서 계속 머뭇거리지 말고 결연하게 올바른 선택을 해야 한다. "엘리야가 모든 백성에게 가까이 나아가 이르되 너희가 어느 때까지 둘 사이에서 머뭇머뭇하려느냐? 여호와가 만일 하나님이면 그를 따르고, 바알이 만일 하나님이면 그를 따를지니라"(왕상 18:21).

삼위 하나님의 선교적 본질이 십자가의 도이므로, 십자가와 부활로 구원 사역을 완성하신 그리스도와 연합하는 것이 그분의 선교에 동참하는 방식이다. 그리스도와 연합한 모습이 실제로 어떻게 드러나야 할까? 그것이 바로 제자도이다. 제자란 그리스도를 따르는 자이고, 선교적 위임령은 우리가 먼저 제자 되어 열방을 제자 삼는 일이다(마 28:18-20). 따라서 선교를 논할 때 서둘러 '가기'보다 진득하게 그리스도 '따르기'에 초점을 맞춰야 한다. 대위임령이 나오는 복음서 끝으로 직진해서 선교 운동을 부추기기보다, 제자를 부르시는 복음서 처음으로 가서 복음서 전체가 보여 주는 그리스도의 제자도를 진지하게 배운 후 제자로 검증된 사람을 선교사로 파송해야 한다. 한국 교회는 왜 제자 아닌 종교인을 선교지로 보내는지 반문하던 몇몇 토착 교회 지도자들의 항의가 계속 귓가를 맴돈다.

주님이 제자들을 처음 만나서 하신 말씀이 "나를 따르라"였고, 부활 후 베드로에게 마지막으로 하신 말씀도 "나를 따르라"(요 21:22)였다. 마태복음은 예수께서 공생애를 시작하시면서 제자들을 부르시고(4장), 제자도의 핵심인 산상수훈(5-7장)을 강론하신 후 제자 공동체와 동거 동행하시면서 성품과 사역을 전수하는 전인적 제자도를 우리가 따라야 할 모델로 보여 주셨다. 그리스도의 사역과 제자도의 절정은 십자가 사건이다. 즉, 그리스도를 따른다는 것은 그 절정인 십자가까지 따른다는 의미다. 제자도 관점에서 마태복음의 흐름을 추적해 보면, 그 절정에 십자가의 도가 있다. "누구든지 나를 따라오려거든 자기를 부인하고 자기 십자가를 지고 나를 따를 것이니라"(마 16:24).

십자가의 도는 성직자를 포함한 특별한 소수에게 차별적으로 적용되는 가르침이 아니라, 모든 그리스도인의 삶과 사역의 방식이어야 한다. 소위 예수 믿고 대박나는 종교가 아니라, 십자가를 지신 메시아를 따르라는 부르심이기 때문이다. 디트리히 본회퍼(Dietrich Bonhoeffer)는 『나를 따르라』(The Cost of Discipleship, 좋은씨앗)에서 십자가가 빠진 '값싼 은혜'를 퍼뜨리는 자가 '교회의 대원수'라고 절규했다. 루터와 종교개혁자들이 주장한 '오직 믿음, 오직 은혜, 오직 그리스도'라는 이신칭의 교리를 십자가 없는 은혜로 오해하면서 나치 정권의 불의에 짐짓 눈을 감거나 심지어 동조하던 당대의 교회를 질타한 것이다.

1517년 10월 말 루터가 소위 95개 조항의 신앙적 양심 선언을 비텐베르크(Wittenberg) 성당 대문에 게시한 사건이 교계에 큰 파장을 일으켰다. 이에 종교개혁자들과 로마 교회 신학자들 사이에 일련의 신학 논쟁이 벌어지는데, 1518년 4월 26일 첫 번째 신학 논쟁이 있었다. 하이델베르크 신학 논쟁(Heidelberg Disputation)으로 알려진 이 역사적 현장에서 로마 교회 신학자들이 '영광의 신학'(theologia gloriae)을 내세운 반면, 루터와 아우구스티누스 수도원 동료들은 '십자가 신학'(theologia crucis)을 복음의 본질로 내세웠다. 오늘날 우리네 교회와 선교는 십자가 신학을 이해하고 구현하며 전파하고 있는 것일까? 본회퍼 시대에 십자가를 버린 수많은 교회를 생각할 때, 단순히 개신 교회 간판을 내건다고 종교개혁자들이 회복한 십자가 신학을 공유한 교회라고 단정할 수는 없을 것이다.

세계관과 하나님 나라

십자가의 도를 언급하는 순간, 많은 사람들이 기독교를 고행주의 종교로 오해한다. 그 진정한 의미를 이해하기 위해 가치관과 세계관이 급진적으로 바뀌는 회심의 이슈를 재조명할 필요가 있다. 전술한 '반전의 메시아', 즉 위르겐 몰트만(Jürgen Moltmann)이 말한 『십자가에 달리신 하나님: 그리스도교적 신학의 근거와 비판으로서의 예수의 십자가』(*The Crucified God: The Cross of Christ as the Foundation and Criticism of Christian Theology*, 대한기독교서회)란 표현은 상식적으로 납득하거나 받아들이기 어렵다. 주님이 신적 특권을 비우시고 세상에 오신 것처럼(빌 2:5-8) 그분의 제자는 자기 권리를 스스로 내려놓고("자기를 부인하고") 그분처럼 "자기 십자가를 지고" 주님을 따라가야 한다는데, 그런 가르침이 인기를 얻어 많은 사람이 구름처럼 교회당으로 몰려오는 현상이 도리어 이상한 일 아닐까? 한국 교회의 교인 수가 정점에 달하던 시절, 한 종교학자가 그와 비슷한 논평을 한 적이 있다. 이기적 인성을 거스르는 가르침이 핵심 메시지인 불교나 기독교 같은 고등 종교가 높은 인기를 누리는 것은 참으로 이상한 현상이며, 필경 그 가르침을 버리고 세상 가치와 타협했기 때문일 것이라는 비평이었다.

선교는 달콤한 약속을 남발하는 상식적 종교의 확장이 아니다. 십자가의 역설적 진리 속으로 들어간 자, 즉 회심한 자가 다른 이들을 그 역설적 진리로 초청하는 일이다. 회심은 세계관과 가치관 차원의 변혁이다. 일상에서 우리는 종종 회심과 비슷한 경험을 한다. 예컨대, 나는 등산을 무척 좋아하는데, 등산의 즐거움을 깨닫는 것은 회심의 경험과 유사하다. 깨닫기 전에는 등산처럼 힘든 일을 왜 하는지 도무지 이해하지 못했다. 그런데 어느 날 산행의 즐거움을 깨닫게 되었고, 그 이후의 삶은 그 이전과 완전히 달라졌다. 틈만 나면 산행을 즐기게 되었고, 등산할 때 깊은 행복과 만족을 느끼게 되었다. 말하자면, 등산으로 회심한 셈이다.

'등산 회심' 이후 높고 가파른 산을 오르는 게 고통스럽지 않은 건 아니다. 이전과 마찬가지로 여전히 힘들고, 때로는 다리 근육이 터질 것같이 심한 고통을 느끼기도 한다. 그러나 회심한 입장에서는 그 고통조차 반갑다. 즉, 고통의 부재가 아니라 고통을 대하는 관점과 자세가 바뀐 것이다. 빌립보 교회를 향한 바울의 권면도 같은 맥락이다. "아무것도 염려하지 말고, 다만 모든 일에 기도와 간구로, 너희 구할 것을 감사함으로 하나님께 아뢰라. 그리하면 모든 지각에 뛰어난 하나님의 평강이 그리스도 예수 안에서 너희 마음과 생각을 지키시리라"(빌 4:6-7). 염려할 만한 어려움에 당면할 때 기도해야 하는데, 기도를 통해 하나님이 문제를 제거해 주시는 게 아니라, 회심한 마음과 생각을 지켜 주신다는 의미다.

고된 노동이나 운동 후 느끼는 몸의 노곤함은 고통이 아니라 더할 나위 없는 쾌감이 아닌가! 특히 요즘 같은 영양 과잉 시대에 노동과 운동으로 많은 칼로리를 태웠다는 성취감이 주는 정신적 쾌감도 크다. 하나님과 세상을 위해 자기 십자가를 지는 것은 회심 이후에도 어려운 일이지만, 그 고난을 대하는 태도와 관점은 이전과 다르다. 회심을 통과한 자에게는 십자가의 도와 고행주의 사이에 등식이 성립되지 않는다. 십자가를 지는 고난 때문에 힘들어하기보다 도리어 복음으로 인한 고난을 즐거워하는 데까지 갈 수 있기 때문이다. "이제 나는 여러분을 위하여 고난을 받는 것을 기쁘게 여기고 있으며, 그리스도의 남은 고난을 그분의 몸 곧 교회를 위하여 내 육신으로 채워 가고 있습니다"(골 1:24, 새번역).

수많은 종교 중 기독교가 좀 더 용해 보이거나 당면한 인생의 난제들을 가장 잘 해결해 줄 것 같아서 교회 생활을 한다면, 아직 구도자의 단계를 넘어 회심에 도달했다고 보기 어렵다. 선교의 목표는 회심이지 개종이 아니므로, 단순히 무신론자나 타종교인을 교회당으로 끌어들이는 게 능사는 아니다. 선교와 전도의 동인이 종교적 의무감이나 죄책감 때문이라면, 그런 종교 행위는 당장 멈춰야 한다. 건강하지 않은 방식과 관점으로 전파되는 종교는 건강하지 않은 종교인을 재생산할 가능성이 높기 때문이다.

회심은 세계관과 가치관의 변화란 점에서 종교 생활에 국한되는 개념이 아니라 우리 존재와 삶 전반을 아우른다. 종교 생활을 따로 떼어서 회심을 제한적으로 다루는 것은 조금 부족한 게 아니라 근본적으로 비성경적 접근이다. 그런 오류는 과거 초대교회 시대에 기승을 부리던 이원론적 영지주의의 흐름이기도 했고, 오늘날은 '배제된 중간 영역'이라는 근내주의 세계관의 결과다. 배제된 중간 영역이란 초자연계와 자연계를 구분해서 그 사이(중간)를 일종의 비무장 지대로 비워 두는 개념이다. 종교와 과학이 각각 배타적 영역을 설정해서 선을 긋고 상호 불가침 조약을 맺는 개념인데, 종교는 특별 계시를 맡고 과학은 일반 계시를 맡는다는 신사협정에 근거하여 종교 생활은 주말에 집중되고 주중의 일상과 분리되었다. 신앙과 일상이 연결되지 않으니, 종말적 '천당' 개념에만 집중할 뿐 매일의 삶과 무관한 종교로 둔갑하게 되었고, 구원론도 전인 구원이 아닌 '영혼 구원'이라는 비성경적 이원론 개념으로 변질되고 만 것이다.

회심이 세계관과 가치관의 변혁이라는 사실은 대위임령에도 잘 드러난다. 그리스도의 제자가 되어 열방을 제자 삼는다는 말에 이미 그 의미가 담기지만, 더 나아가 "내가 너희에게 분부한 모든 것을 가르쳐 지키게 하라"(마 28:20)는 마지막 부탁은 주님이 막판에 갑자기 율법주의나 행위 구원으로 복음을 뒤집으신 게 아니라, 세계관 변혁이라는 회심의 본질을 깨달아야 이해되는 말씀이다. 어느 누구도 종교적 의무감으로 그리스도께서 가르치신 모든 것을 지킬 수 없다. 그러나 회심의 여정에 들어선 자는 믿음의 성숙도에 따라 그 어려운 일을 점점 더 잘 감당하게 된다. 마치 포도나무에 접붙임받은 가지에 수액이 흘러들어 점진적으로 포도나무 가지로 변하듯, 주님과 연합한 제자에게 공급되는 그분의 자양분이 그 어려운 일을 가능하게 하는 것이다.

그리스도가 빠진 세속적 유토피아도, 기독교로 포장된 인본주의 무당 종교도 '하나님 나라 복음'이 아니다. 만물을 창조하시고 만물을 주관하시는 하나님의 주권적 통치를 벗어난 영역은 피조 세계 어디에도 존재하지 않는다. "만물이 그에게서 나고, 그로 말미암아 있고, 그를 위하여 있습니다. 그에게 영광이 세세에 있기를 빕니다. 아멘"(롬 11:36, 새번역). 네덜란드의 개혁신학자 아브라함 카이퍼(Abraham Kuyper)가 성직자가 되기보다 네덜란드의 총리가 되어 정치 영역에 하나님 나라 가치를 구현하려 힘쓴 이유가 그의 유명한 선언에 담겨 있다. "인간이 존재하는 모든 영역에서 만유의 주재이신 그리스도께서 '내 것이다!'라고 외치지 않으시는 곳은 하나도 없다."

요약

선교는 타종교인이나 무종교인을 기독교로 끌어들이는 개종이 아니라, 존재와 삶의 주인이 바뀌는, 그래서 세계관이 변혁되는 회심을 추구한다. 사탄의 통치를 벗어나 천지를 창조하신 하나님의 다스리심으로 돌아선다는 의미에서 선교는 하나님 나라를 지향한다. 메시아의 사명 선언문이라 할 수 있는 '나사렛 선언'(눅 4:15-19)이 그리스도를 통한 구원을 하나님의 자비롭고 공의로운 통치 개념으로 풀어낸다. 교회가 그리스도의 몸으로서 그분의 선교에 동참하도록 초청받았다는 것은 곧 하나님 나라의 확장과 구현을 위한 위임령인 셈이다.

1장에서 다룬 대로, 교회의 선교는 독자적 종교 행위가 아니라 하나님의 선교로부터 흘러나오는 일이다. 역사적 교회가 선교 운동을 촉진하기 위해 가장 많이 사용한 성경 구절 중 하나가 대위임령(the Great Commission)으로 알려진 마태복음 20:18-20인데, 그것은 선교의 주도권을 교회에 넘기신 말씀이 아니라 하나님의 선교에 교회가 초청되어 그분의 권위와 보증 안에서 참여한다는 개념이다. 기독교는 하나님의 주권과 은혜에 전적으로 의존하는 수동성의 종교다. 믿음은 인간의 신념이 아니라 전능자에게 기대는 신뢰이고, 구원의 확실성은 인간의 의지력이 아니라 하나님의 신실하심에 근거한다.

하나님의 주권에 의존하고 그분의 놀라운 은혜(사랑)에 반응하는 수동성에서 건강한 능동성이 나온다. 교회의 선교 운동은 성경이 가르치는 수동성과 능동성의 통전적 이해에 기반해야 하고, 둘 중 하나만을 편향적으로 붙드는 이원론적 오류를 경계해야 한다. 하나님의 사랑이 추동하는 수동성에서 출발하지 않은 종교적 능동성이 십자군 전쟁 같은 패악을 낳았고, 그 흑역사는 천 년 전뿐 아니라 지금도 지구촌 곳곳에서 진행 중이다. 한편, 사랑의 상호적 자발성을 이해하지 못하고 값싼 은혜에 빠진 자들이 지금 여기서 감당해야 할 선교적 본분을 거부하고 염세적인 시한부 종말론에 빠지는 것이다.

기도의 동인과 내용은 기도하는 사람의 가치관과 우선순위를 드러낸다. 하나님의 사랑에 반응하는 건강한 수동성은 이기적 무당 종교에서 벗어나 그분의 통치(나라)와 의를 구하는 회심자의 기도로 결실한다. 그리스도의 사랑이 강권하는 선교(고후 5:14), 즉 그분의 사랑에 반응하는 선교는 우리를 사랑하시되 십자가를 지시기까지 사랑하신 그분을 닮는다. 그것은 선교를 빙자한 식민주의적 확장이 아니라, 도살장으로 끌려가는 양처럼 온유하고 겸손하게 십자가를 지신 메시아의 방식을 따른다. 그 여정은 종교적 영역에 머물지 않고 존재와 삶의 전 영역에 사랑과 공의의 하나님이 다스리시는 모습으로 구현된다. 선교의 목적은 천당에 가는 게 아니라 하나님 나라, 곧 그분의 통치가 피조 세계 전체에 온전히 임하는 것이다.

성찰과 토론을 위한 질문

1. 예수님의 공생애 및 부활 이후의 가르침은 '하나님 나라'라는 현저한 주제로 압축된다. 마태가 천국(天國)이라 쓰고 신국(神國)으로 읽은 '하나님 나라'의 의미를 당신은 잘 이해하고 있는가? '하나님 나라 복음'은 당신이 그간 이해한 복음과 동일한가? 아니라면 무엇이 왜 어떻게 다른가? 성경이 정의하는 '하나님 나라 복음'이 당신의 존재와 삶에 던지는 도전과 과제는 무엇인지 생각해 보라.

2. 우리는 하나님 나라, 즉 그분의 통치가 하늘에서처럼 이 땅에 온전히 임하도록 기도하며 그분의 선교에 동참한다. 당신의 기도는 당신의 신앙 연륜에 정비례하여 성숙하고 있는가? 아기가 탄생하면 부모와 주변인들이 함께 환호하며 기뻐하지만, 시간이 흘러도 자라지 않으면 모든 사람에게 근심거리가 된다. 혹 성령을 근심시키고 있지는 않은지 돌아보라.

3. 하나님 나라는 우리 소망의 핵심이고("당신의 나라가 임하소서!"),

우리 기도의 원동력이며, 모든 선교의 핵심이다. 당신의 기도는 하나님의 나라와 그분의 의를 추구하는가? 이사야서에 나오는 구약 복음(사 52:7)과 '하나님 나라 복음'은 어떤 면에서 일관된 가르침인지 생각을 나누어 보라.

4. 십자가의 역설은 인간이 기대하던 메시아의 모습과 상반된 반전이다. 성경은 당신이 따라야 할 모델이 바로 십자가를 지신 그분이라고 가르친다(요 20:21). 그 '불편한 진실'을 수용한다면, 당신의 삶과 사역이 어떻게 달라져야 한다고 생각하는가? 일상에서 만나는 사람들이 당신에게서 십자가를 지신 그리스도의 모습을 제한적으로라도 발견할 수 있을지 생각해 보라.

4장

선교적 계시, 선교적 교회

"이 세상에서 성취해야 할 선교의 사명을 교회가 짊어지고 있는 게 아니라,
삼위 하나님의 선교가 교회를 참여시키시는 것이다."
—위르겐 몰트만

"교회가 세상에서 감당할 선교가 있다고 말하는 것으로는 부족하고,
선교의 하나님께서 이 세상에 교회를 가지고 계시다는 게 맞는 표현이다."
—크리스토퍼 라이트

계시 종교

1-3장에서 다룬 복음과 선교의 개념은 특정인들의 주관적 견해가 아니라, 방대한 하나님의 말씀이 일관되게 담아내는 개념을 더듬어 살펴본 내용이라 할 수 있다. 아무리 진지한 묵상과 깊은 사유의 과정을 통과해도 피조물이 창조주를 완전히 파악할 수는 없다. "하나님의 지혜와 지식의 부요함이란 그 깊이가 한이 없습니다. 그분의 판단은 헤아릴 수 없으며 그분의 길은 추적할 수가 없습니다. 누가 주의 마음을 알았으며 누가 그분의 상담자가 되었습니까?"(롬 11:33-34, 현대인의성경) 다만 하나님의 계시인 성경을 통해 부분적으로 이해할 뿐이다. 바울이 고백한 대로(고전 13:12) 지금은 청동 거울을 통해 보는 것처럼 모습이 희미하고 깨달음이 부분적이지만, 완성된 하나님 나라에서는 직접 얼굴을 대면하듯 하나님이 어떤 분이시고 그분의 뜻이 무엇인지 명확하게 이해하게 될 것이다.

기독교는 종교적 상식에 짜맞춰 사람이 만든 종교가 아니라, 창조주께서 자신을 드러내시고 그분의 뜻과 목적을 계시하신 '계시 종교'다. 따라서 타종교와 달리 기독교는 소위 창시자나 교주가 없다. 우리가 하나님과 그분의 뜻을 알 수 있는 유일한 방도는 그분의 계시라는 점에서 기독교는 철저히 계시 의존적이다. 종교개혁자들이 '오직 성경으로'(*Sola Scriptura*)를 구호로 내걸며 성경적 교회와 복음의 회복을 추구한 이유다.

아무리 유력한 교계의 지도자라도 성경이 가르치는 것과 다른 내용을 주장하면 거부해야 한다. 바울과 그의 선교팀이 전한 메시지조차 성경적으로 맞는지 살피고 검증한 베뢰아 성도들의 자세(행 17:11)가 우리 모두에게 요구된다. 그래서 바울은 갈라디아 교회에게 '다른 복음'을 전하는 자를 용납하지 말라고 반복적으로 강조한다. "그리스도의 은혜로 너희를 부르신 이를 이같이 속히 떠나 **다른 복음**을 따르는 것을 내가 이상하게 여기노라. **다른 복음**은 없나니 다만 어떤 사람들이 너희를 교란하여 그리스도의 복음을 변하게 하려 함이라. 그러나 우리나 혹은 하늘로부터 온 천사라도 우리가 너희에게 전한 복음 외에 **다른 복음**을 전하면 저주를 받을지어다. 우리가 전에 말하였거니와 내가 지금 다시 말하노니 만일 누구든지 너희가 받은 것 외에 **다른 복음**을 전하면 저주를 받을지어다"(갈 1:6-9).

중세 암흑기가 도래한 주요 원인은, 개인이 성경을 소유하며 읽을 수 없던 상황에서 교황청이 종교적 권력 집단이 되어 면벌부를 포함한 비성경적 파행을 남발한 데 있다. 문서 전문가들이 오랜 시간 엄청난 정성을 들여 한 자 한 자 필사해서 완성하던 성경책은 엄청난 재력가가 아니면 개인이 소장할 수 없었다. 교회 역사가 존 딕슨(John Dickson)은 그의 책 『벌거벗은 기독교 역사: 악당인가 성자인가, 회복을 위해 마주해야 할 역사 속 기독교』(*Bullies and Saints: An Honest Look at the Good and Evil of Christian History*, 두란노)에서 "성경 사본 제작에는 놀랄 만큼 많은 비용이 들었다.…한 마디로 성경 한 권의 제작 비용은 노동자의 30년치 봉급과 맞먹었을 정도"(p. 141)라고 말한다. 15세기 중반 독일의 세공 기술자 요하네스 구텐베르크가 금속 활자를 발명하여 성경책의 대량 출판이 가능해지면서 16세기 개혁 운동이 널리 확산된 것은 역사적으로 자연스러운 수순이었다. 물론 종교개혁자들의 공로가 컸지만, 단지 그들의 탁월성 때문에 개혁 운동이 일어났다고 보기에는 기독교 역사 전반에 그 정도 수준의 선각자들이 항상 있었다는 문제가 있다. 역사의 주인이신 하나님의 섭리 가운데 모든 사람이 성경을 손쉽게 입수하여 읽을 수 있게 된 상황이 개혁 운동의 확산에 결정적 요인이 되었다고 보는 게 맞을 것이다.

그런데 성경책이 차고 넘치다 못해 중고 서점이나 심지어 재활용 쓰레기통에서도 발견되는 이 시대의 교회는 왜 이토록 비성경적 종교 집단이 되었을까? 왜 엉터리 지도자들이나 자칭 예언자들을 무비판적으로 추종하는 신흥 종교 집단이 수없이 양산되는 것일까? 통일교나 JMS, 신천지 등 이단으로 판명된 집단 못지않게 심각한 문제는, 소위 정통 교단 소속으로 분류된 지역 교회나 기독교 단체 안에 팽배한 비성경적 종교 권력 현상이다. 넷플릭스 다큐멘터리 〈나는 신이다〉가 고발하듯, 하나님이 계시하신 진리를 덮어 두고 영험한 지도자나 예언자를 참칭하는 인간을 맹종하는 우상숭배 때문이다. 하나님을 섬기는 게 아니라, 실질적으로 종교

권력을 거머쥔 무당을 섬기는 셈이다.

2010년 남아프리카공화국 케이프타운에서 열린 제3차 로잔 대회는 현대 교회가 당면한 핵심 이슈 중 하나로 '성경 기근'(Bible poverty) 현상을 지목한 바 있다. 중세 교회가 성경이 없어서 암흑기를 맞았다면, 현대 교회는 성경책은 많아도 읽지 않아서 발생한 암흑기인 셈이다. 그래서 "있는 성경 자랑 말고, 읽은 성경 자랑하자"라는 우스갯소리도 있다. 과거 보릿고개 시절에는 식량이 없어서 기근이었지만, 오늘날은 음식이 풍부해도 거식증으로 굶어 죽는 사람들이 있는 것과 유사하다. 말씀을 묵상하고 분별하는 그리스도인이 태부족인 현실에서 어쩌면 현대 교회가 겪고 있는 문제는 당연한 귀결이라 할 수 있다. "이 땅에 무섭고 놀라운 일이 있도다. 선지자들은 거짓을 예언하며 제사장들은 자기 권력으로 다스리며 내 백성은 그것을 좋게 여기니 마지막에는 너희가 어찌하려느냐?"(렘 5:30-31) 교회의 지도자를 마땅히 존중해야 하지만, 그 사람도 오류에 노출된 연약한 인간이기에 베뢰아 성도들처럼 진리에 근거하여 함께 분별하고 필요에 따라 바로잡는 일이 성경적 공동체의 바른 모습이다.

선교의 하나님, 선교적 계시

그렇다면, 성경이라는 방대한 계시를 통해 하나님이 말씀하고자 하시는 핵심 주제는 과연 무엇일까? 1장에서 우리는 하나님의 하나님 되심에 근거해서 그분은 '선교의 하나님'이라는 결론을 내린 바 있다. 그분은 팔레스타인이나 유럽, 미국, 한반도 등 제한된 영역에 거하며 그곳 거민들을 배타적으로 편애하는—성경에 '외모로 취한다'라는 말이 편애한다는 뜻이다—지역영이 아니라 만유를 창조하시고 다스리시는 하나님이시기에 그분은 필연적으로 선교의 하나님이실 수밖에 없음을 확인했다. 또한 앞에서 우리는 기독교가 사람이 만든 종교가 아니라, 창조자 스스로 우리에게 그분이 누구시고 무엇을 의도하시는지 드러내신 계시 종교임을 살펴보았다. 선교의 하나님이 무엇을 왜 계시하셨을까? 당연히 선교적 계시일 것이다.

성경 곳곳에 선교적 요소가 포함되었다기보다, 근본적으로 선교의 하나님이 선교적 계시를 주신 것으로 보는 관점이 필요하다. 구약신학자 크리스토퍼 라이트는 『하나님의 선교: 하나님의 선교 관점으로 성경 내러티브를 열다』(*The Mission of God: Unlocking the Bible's Grand Narrative*, IVP)라는 명저를 통해 선교야말로 성경 전체를 꿰뚫는 '거대 서사'(grand narrative)라고 선언한다. "성경 전체가 하나님의 피조물 전체를 위해 하나님의 세상에 관여하는 하나님의 백성을 통한 하나님의 선교 이야기"(p. 61)라는 것이다. 성경의 모든 장과 절에서 선교적 요소를 미시적으로 도출해 내라는 말이 아니라, 신구약 메시지를 관통하는 큰 그림이 선교라는 의미다.

더 나아가 라이트는 당초 하나님이 왜 무엇을 계시하려 하셨을지 질문을 던지면서, '선교의 성경적 근거'를 찾기 위해 여기저기 뒤적거리기보다 '성경의 선교적 근거'를 이해하고 묵상하는 '선교적 성경 해석'을 주문한다. 즉, 성경에 선교라는 주제가 여기저기 숨겨져 있다는 보물찾기식 접근이 아니라, 성경 자체가 하나님의 선교의 산물이라는 관점이다. 20세기 북미주 선교 운동을 견인한 대표적 지도자로 평가받는 랠프 윈터(Ralph Winter)도 성경이 선교의 근거라기보다 하나님의 선교가 계시(성경)의 근거라고 말한 바 있다. 따라서 선교는 수많은 선교 대회에서 자주 인용되는 마태복음 28:18-20이나 사도행전 1:8 같은 몇몇 대표적 '선교 구절들'에 근거하는 게 아니다. 그런 구절들이 아예 없었거나 필사 과정에서 누락되었어도 크게 달라질 건 없다. 성경 전체가 선교의 하나님의 선교적 계시이기 때문이다.

부활하신 주님과 함께 성경 읽기

앞에 소개한 신학자들이 성경 전체가 선교적 계시라는 대담한 주장을 내놓는 근거는 무엇인가? 크리스토퍼 라이트는 앞에 언급한 『하나님의 선교』 원서 출간(2006년)에 앞서 그 씨앗에 해당하는 짧은 책 『선교에 관한 진실: 선교적 성경 읽기』(*Truth with a Mission: Reading Scripture Missiologically*, 2005)를 내놓았는데, '부활하신 그리스도와 함께 성경 읽기'라는 흥미로운 주제로 제3장을 쓴다. 그는 완성된 계시인 신약성경으로부터 성경 전체의 일관된 흐름을 파악해서 그 관점으로 구약성경을 재해석하는 방식을 택한다. 구체적으로 그는 부활하신 그리스도가 성경을 요약하신 누가복음 24장을 근거로 성경 전체가 하나님의 선교에 관한 계시임을 풀어낸다.

무슨 책이든 여러 독자가 다양한 독후감을 쓰면서 각자의 주관적 해석을 내놓을 수 있다. 하지만 어떤 해석이 저자의 의도에 가장 가까운지는 저자에게 물어봐야 한다. '전지적(全知的) 작가 시점'이란 말이 있다. 추리 소설이나 〈오징어 게임〉 같은 드라마가 반전을 거듭하며 전개되는 도중에 독자는 저자가 어떤 의도를 가지고 어떤 결론을 내릴지 예상하기 어렵지만, 그 책의 저자나 시나리오 작가는 처음부터 결말을 안다는 의미다. 가령, 대하소설 『토지』가 말하고자 하는 핵심 메시지에 관한 다양한 이견이 부딪칠 때, 저자에게 물어보면 된다. 저자 박경리가 이미 타계했기 때문에 그것은 불가능하지만, 다른 대하소설 『태백산맥』의 경우는 저자 조정래가 아직 생존하므로 그분에게 물어보면 될 것이다.

오랜 세월 다양한 사람이 동원되어 기록된 책이지만, 성경은 잡다한 66개의 글을 묶어 놓은 잡지가 아니라, 한 분 저자이신 하나님이 창세기부터 요한계시록까지 일관된 주제와 목적을 가지고 계시하신 단행본이라는 전제가 성경 전체를 관통하는 신학적 성찰과 해석을 가능케 한다. 그 성경의 저자이신 주님이 소위 '저자

직강'으로 성경의 큰 그림을 권위 있게 설명하신 누가복음 24:44-48을 크리스토퍼 라이트가 성경 해석의 주요 준거틀로 보고 그의 책을 쓰는 이유다. 그 부분을 잠시 살펴보자.

먼저 주님은 제자들과 3년간 동행하시며 가르치신 내용이 기본적으로 구약성경의 말씀임을 밝히신다. 아직 신약성경이 기록되기 전이니, 당시의 성경은 곧 구약인 셈이다. "내가 너희와 함께 있을 때에 너희에게 말한 바, 곧 모세의 율법과 선지자의 글과 시편에 나를 가리켜 기록된 모든 것이 이루어져야 하리라"(44절). 여기서 "모세의 율법과 선지자의 글과 시편"은 구약성경의 일부가 아닌 전체를 말한다. 신약과 구약이란 명칭은 성경 자체에 나오는 표현이 아니라 교회가 그리스도 이전과 이후의 계시를 구별하기 위해 편의상 붙인 것이다. 히브리어와 아람어로 기록된 구약성경의 표지를 보면 모세오경을 가리키는 '토라'(*Torah*)와 더불어 예언서 또는 선지서라 불리는 '느비임'(*Nevi'im*), 그리고 성문서인 '커투빔'(*Kethuvim*)이라는 세 단어를 책 제목으로 사용하고 있음을 알 수 있다.

주님은 성경 전체가 그리스도 자신에 관한 계시("나를 가리켜 기록된 모든 것")임을 밝히신다. 지상 사역 중에도 성경이 그리스도에 관한 것임을 누차 밝히신 바 있다. "너희가 성경에서 영생을 얻는 줄 생각하고 성경을 연구하거니와, 이 성경이 곧 내게 대하여 증언하는 것이니라"(요 5:39). "율법이 우리를 그리스도께 인도하는 초등교사"(갈 3:24)라는 바울의 말도 동일한 해석적 관점을 드러낸다. 제사법과 절기법을 포함한 다양한 율법 조항은 그 자체의 문자적 실행에 초점이 있는 게 아니다. 타락한 인간에게 그것은 불가능하다고 성경은 말하기 때문이다. 오히려 그것은 장차 율법의 요구를 온전히 만족시키실 그리스도를 가리킨다는 의미다.

따라서 성경을 기독론적으로 읽고 해석하는 안목이 요구된다. 종교개혁자 칼뱅(John Calvin)은 요한복음 5:39을 주해하면서 기독론적 성경 해석의 필요를 강조했다. "성경을 열 때 거기서 그리스도를 찾으려는 목적을 가지고 읽어야 한다. 이 목적을 벗어날 때 독자가 평생 아무리 열심히 배워도 결코 진리의 지식에 도달하지 못할 것이다." 종교개혁자 루터는 신약성경뿐 아니라 구약성경에서도 그리스도를 만나지 못하면 성경을 제대로 읽은 게 아니라 했다. 루터의 초상화를 많이 그린 그의 친구 루카스 크라나흐(Lucas Cranach)의 그림 중 루터가 설교하는데 그와 청중 사이에

Altarpiece by Lucas Cranach the Elder in the City Church in Wittenberg (public domain).

십자가에 달리신 그리스도가 나타나는 명화가 있다. 설교자는 자기 과시의 유혹에 빠지지 말고 성경이 일관되게 계시하는 그리스도를 드러내야 하고, 청중은 설교자에게 마음을 빼앗기지 말고 말씀을 통해 드러나는 그리스도를 만나야 한다는 의미를 탁월하게 담아내는 그림이다. 설교자가 연예인으로 둔갑하고 예배가 예능으로 전락하고 있는 일부 현대 교회가 뉘우치고 회복해야 할 성경적 원리다. "우리는 우리를 전파하는 것이 아니라, 오직 그리스도 예수의 주 되신 것과 또 예수를 위하여 우리가 너희의 종 된 것을 전파함이라"(고후 4:5).

성경 전체가 그리스도에 관한 계시라는 의미는 구체적으로 무엇인가? 그리스도의 무엇에 관한 계시라는 말인가? 이어지는 주님의 말씀이 세 가지 핵심을 가리키는데, 곧 그리스도의 십자가와 그리스도의 부활 그리고 그리스도의 선교다. "또 이르시되 이같이 그리스도가 고난을 받고 제삼일에 죽은 자 가운데서 살아날 것과 또 그의 이름으로 죄사함을 받게 하는 회개가 예루살렘에서 시작하여 모든 족속에게 전파될 것이 기록되었으니, 너희는 이 모든 일의 증인이라"(46-48절).

그리스도의 십자가("고난을 받고")와 부활("제삼일에 죽은 자 가운데서 살아날 것")은 익숙하지만, 그리스도의 선교라는 개념은 다소 생소할 수 있다. 주님의 성경 해석의 흐름을 따라가면, 성경 전체가 그리스도에 관한 것인데, 그것은 그분의 십자가와 부활 그리고

("또") 그분의 선교("그의 이름으로 죄사함을 받게 하는 회개가 예루살렘에서 시작하여 모든 족속에게 전파될 것")라는 의미임을 알 수 있다. 크리스토퍼 라이트는 역사적 교회가 기독론을 메시아적 관점(십자가와 부활)으로는 잘 해석했지만 선교적 관점의 접근은 취약했다고 비평한다. 불과 백여 년 전까지 일부 신학자들이 구약성경이 선교를 말하는지 여부로 논쟁을 벌였다는 사실이 믿기지 않는다.

육체적으로 이 세상을 떠나 승천하신 그리스도가 어떻게 선교를 지속하실 수 있는가? 그것이 바로 '그리스도의 몸'인 교회를 세우신 이유고, '그리스도의 영'이신 성령을 보내셔서(행 1:8) 그분의 선교가 지속된다는 놀라운 가르침이다. 잠시 후 다루게 될 선교적 교회론이 여기에 기초한다. 거듭 거론한 대로, 교회는 삼위 하나님의 선교에 동참하도록 초청받았다. 성부께서 성자를 보내시고, 다시 성령을 보내시면서 우리를 신적 공동체로 불러 그 위대한 일에 참여하는 특권을 누리게 하시는 것이다. 교회의 진정한 영광이 바로 여기 있다.

계시자의 의도를 분별하고 깨닫는 말씀 묵상

선교적 교회론으로 넘어가기 전에 45절 말씀("이에 그들의 마음을 열어 성경을 깨닫게 하시고")을 주목할 필요가 있다. 성경 전체가 그리스도의 십자가와 부활과 선교에 대한 계시라는 사실을 제자들이 깨닫게 하시는 주님의 은혜가 필요했다. 기독교가 은혜의 종교라고 말할 때, 복음도 구원도 믿음도 성화도 전적으로 위로부터 부어 주시는 은혜라는 의미인데, 심지어 성경을 올바로 깨닫는 일도 은혜로 가능하다. 물론 은혜가 우리의 청지기적 책임을 배제하지 않고 도리어 요구하지만, 같은 성경을 읽고도 그리스도를 만나지 못하는 이들이 많다는 사실이 말씀 묵상에도 하나님의 은혜가 절실히 필요함을 깨우친다. 제자들이 과거에 성경을 전혀 안 읽다가 예수님이 부활하신 후에야 비로소 읽게 된 것은 아니었다. 그런데 주께서 그들의 마음을 열어 주셔서 성경을 올바로 깨닫게 되는 은혜가 임한 것이다.

그때는 주님이 제자들의 마음을 친히 열어 주시는 은혜를 베푸셨는데, 지금은 그 일이 어떻게 일어나는가? 바로 그 일을 위해 그리스도의 영이신 진리의 성령을 우리에게 보내 주셨다. 여기서 성령론을 본격적으로 거론할 의도는 아니지만, '다락방 강화'로 알려진 요한복음 14-16장에 나오는 그리스도의 성령론을 잠깐 살펴보겠다. 주님은 제자들을 고아와 같이 버려두지 않기 위해 "다른 보혜사"이신 성령을 보내겠다고 약속하시면서 "진리의 영" 또는 "진리의 성령"이신 그분의 우선적 역할은 하나님의 말씀을 생각나게 하시고 깨닫게 하시는 일이라고 설명하신다. 신학에서 '성령의 조명'이라고 말하는 그 일이 곧 성령을 통해 주시는 은혜다. 따라서 말씀 앞에 설 때마다 우리는 진리의 성령께서 우리 마음을 여시고 조명해 주셔서 하나님의 말씀을 아전인수하지 않고 성경의 저자이신 그분의 관점을 깨닫게 해 주시도록 기도해야 한다.

성령론이 성경의 가르침과 달리 지나치게 신비주의적으로 경도된 오늘날의 흐름이 걱정되는 지점이다. 이것 또한 '성경 기근' 현상에 기인한다. 성령에 대한 성경의 가르침보다 사람들의 종교적 기대나 주관적 체험으로 성령론을 재단하기 때문이다. 물론 하나님이 필요에 따라 초자연적인 일을 행하시고, 성경과 교회 역사에 그런 사례는 수없이 많다. 하나님에게 자연법칙을 따르는 게 쉽고 초자연적 일을 행하시기는 어려울 리 없다. 하지만 13세기 신학자 토마스 아퀴나스의 주장대로, 하나님이 굳이 그분 스스로 만드신 자연 세계의 질서를 매번 깨뜨리면서 일하시지는 않는다. 따라서 끝없는 신비주의적 추구는 3장에서 다룬 기독교 세계관에 부합하지 않은 이원론적 오류다. 자연계와 초자연계를 인위적으로 분리시키고 자연주의자가 초자연적 영역을 거부하듯 신비주의자는 하나님이 창조하신 자연 세계의 의미와 가치를 거부하는 오류를 범한다. 폴 히버트(Paul Hiebert)는 이를 '배제된 중간 영역'의 오류라고 일컫는다. 일반 은총과 특별 은총을 갈등 구조로 왜곡하는 세계관으로는 모든 영역에 임하는 하나님의 통치(하나님 나라)를 담아낼 수 없다.

하나님의 주권적 개입으로 초자연적인 일이 일어난다 해도 그 현상 자체에 초점을 맞춰서는 안 된다. 견월망지(見月忘指), 즉 달을 가리키는 손가락이 아니라 달을 보고 손가락은 잊어야 하듯, 그 일을 행하시는 하나님과 그분의 의도를 파악해야 한다. 한편, 신비한 일이 곧 하나님이 하신 일이라는 등식은 성립되지 않는다. 초자연적인 일이 기독교에서만 일어나는 게 아니라 다양한 타종교에서도 수없이 일어나기 때문이다. 모세와 아론이 하나님의 명을 따라 던진 지팡이가 뱀으로 변하는 기적이 일어났는데, 현상적으로 동일한 기적이 바로의 술사들에 의해서도 일어난 사실(출 7:10-11)을 기억해야 한다. 기적 자체로 진리가 증명되는 게 아니다. 아무리 놀라운 기적이라도, 그것이 하나님께로부터 난 것인지 진위를 분별해야 할 대상이다. 복음과 선교의 신비주의적 접근이 하나님 나라의 진보에 득보다 실이 되는 경우가 많음을 이해하고 신중해야 한다.

진위 분별의 기준은 당연히 하나님의 말씀이다. 우리가 추구해야 할 신앙적 자질은 신비한 능력이 아니라 거룩함인데, 거룩함은 종교적 열심이나 초자연적 현상에서 나오지 않고 진리의 말씀에 기초한다. "그들을 진리로 거룩하게 하옵소서 아버지의 말씀은 진리니이다"(요 17:17). 하나님의 선교에 동참한다는 것은, 타락 이후 비진리가 일상이 된 세상에 진리의 차별성을 지닌 자들이 부패한 세상의 소금이자 깜깜한 세상의 빛으로(마 5:13-16) 다가가는 일이다. 거룩함은 세상과의 분리가 아닌 구별됨이다. 주님은 제자들이 진리로 거룩해지기를 구하신 직후 선교적 파송을 언급하셨다. "아버지께서 나를 세상에 보내신 것같이 나도 그들을 세상에 보내었고"(요 17:18).

영원한 진리(로고스) 자체이신 그리스도(요 1:1)의 영이신 성령은 당연히 진리의 영이다. 그분의 영감으로 진리의 말씀이 계시되었고(딤후 3:16), 그리스도의 계속되는 사역(선교)을 위해 그리스도의 몸인 교회에 내주하시면서 하나님의 진리를 생각나게 하시고 깨닫게 하시는 은혜를 통해 교회가 하나님의 선교에 건강하게 동참하도록 도우신다. 때때로 교회가 그 선교적 본분과 역할을 망각하고 이방 종교처럼 빗나갈 때, 마치 주님이 제자들의 기복적 기도를 바로잡아 주신 것처럼 진리의 성령께서 탄식하시면서 중보하신다. "이와 같이 성령도 우리의 연약함을 도우시나니 우리는 마땅히 기도할 바를 알지 못하나 오직 성령이 말할 수 없는 탄식으로 우리를 위하여 친히 간구하시느니라"(롬 8:26).

주님이 제자들의 마음을 열어 성경을 바르게 깨닫게 하신 그 놀라운 은혜가 훗날 바울에게도 임했다. 부활하신 그리스도를 만나 회심하기 전에도 바울은 구약성경을 거의 외우다시피한 율법의 전문가였다. 그러나 당대의 수많은 바리새파 지도자와 율법사처럼 성경 계시의 참된 메시지를 깨닫지 못했고, 하나님을 위한다며 도리어 교회를 핍박했다. 그 뒤틀린 마음의 문을 열어 바로잡으시는 주님의 은혜가 다메섹 도상의 회심 사건에서 일어났고, 그의 눈에서 비늘 같은 것이 벗어지는 상징적 경험이 뒤따랐다(행

9:18). 우리가 읽는 바울서신은 그 이후 십수 년간 아라비아와 고향에 묻혀 지내면서 과거의 그릇된 지식을 털어 내고(unlearn) 새로운 관점으로 성경을 깨달은(relearn) 결과물이었다.

아그립바왕 앞에서 복음을 변증하는 바울의 발언은 그의 성경 이해가 부활하신 주님이 제자들의 마음을 열어 설명하신 내용(눅 24장), 곧 그리스도의 십자가와 부활과 선교와 정확히 일치한다. "하나님의 도우심을 받아 내가 오늘까지 서서 높고 낮은 사람 앞에서 증거하는 것은 선지자들과 모세가 반드시 되리라고 말한 것밖에 없으니 곧 그리스도가 고난을 받으실 것과 죽은 자 가운데서 먼저 다시 살아나사 이스라엘과 이방인들에게 빛을 선전하시리라 함이니이다"(행 26:22-23).

선교적 교회론: 그리스도와 교회의 불연속성과 연속성

이제 선교적 교회론을 논할 시점이 되었다. 그리스도의 선교와 교회의 선교를 통전적으로 담아내기 위해 먼저 그리스도와 교회의 불연속성과 연속성을 이해해야 한다. 불연속성이란 그리스도와 교회가 구분되는 개념이고, 연속성은 연결되는 개념이다. 그리스도는 삼위 하나님의 제2위격으로 세상을 창조하신 분이고, 우리는 피조물이므로 상호 불연속적이다. 그리스도는 또한 십자가와 부활을 통해 망가진 피조 세계를 회복하신 주체로서 창조 및 재창조의 대상인 우리와 구별되는 분이다. 구원을 받고 그리스도의 몸으로 부름받았다고 해서 우리가 신이 되는 것은 아니다. 인간이 신이 된다는 것은 수많은 타종교가 주장하는 개념이다. 고대 그리스-로마 사상이나 힌두교 그리고 한반도 토착 종교인 동학이 말하는 '인내천'(人乃天) 사상을 예로 들 수 있다. 성경은 인간이 신이 된다거나 신이 될 수 있다는 생각은 원죄의 출발점인 사탄의 속임수라 가르치고(창 3:5), 바울은 그 결과 "사람들은 하나님의 진리를 거짓으로 바꾸고, 창조주 대신에 피조물을 숭배하고 섬겼다"(롬 1:25, 새번역)고 개탄한다.

성경은 가족에 대한 은유를 많이 사용하는데, 예컨대 그리스도와 우리의 불연속성을 상징할 때는 '독생자'란 표현이 사용된다. 하나님이 세상을 사랑하셔서 독생자를 보내셨다는 요한복음 3:16은 구원 사역이 인간이 돕거나 참여할 수 없는, 그리스도의 독자적 은혜의 영역임을 드러낸다. 십자가와 부활을 통해 구원 사역을 완수하신 일에 인간이 끼어들 틈은 없다. 그분이 오롯이 감당하시고 "다 이루었다"(요 19:30)고 선언하셨기 때문이다. 여기에 인간의 역할을 더하거나 그리스도의 전적 은혜를 인간의 공로로 대치하려는 것이 바로 갈라디아서가 정죄하는 "다른 복음"(갈 1:6-9)이고, 교회 역사에 꾸준히 등장하는 이단 운동의 오류다.

성경은 또한 그리스도와 교회의 연속성을 일관되게 가르친다. 이 경우, 그리스도는 하나님의 "맏아들"(롬 8:29)이시고, 우리는 그분을 맏형님으로 모신 하나님의 자녀로 표현된다. 삼위 하나님 모두 일관되게 우리가 그리스도와 더불어 하나님의 자녀임을 말씀하신다. 성부께서 친히 "너희에게 아버지가 되고 너희는 내게 자녀가 되리라"(고후 6:18) 하신 약속을 따라 인간으로 오신 그리스도는 우리와 가족 관계로 연결된다. 그래서 히브리서는 성자께서 우리를 형제라 부르시기를 부끄러워하지 아니하셨다(히 2:11)고 말한다. 성령도 우리가 하나님의 자녀인 사실을 증거하시는데(롬 8:16), 바울은 심지어 우리가 맏형님이신 "그리스도와 함께한 상속자"가 된다고 말한다(롬 8:17).

바울은 또한 그리스도와 교회의 연속성이 삼위 하나님의 선교가 추구하는 바라고 말한다. "때가 차매 하나님이 그 아들을 보내사 여자에게서 나게 하시고 율법 아래에 나게 하신 것은 율법 아래에 있는 자들을 속량하시고 우리로 아들의 명분을 얻게 하려 하심이라. 너희가 아들이므로 하나님이 그 아들의 영을 우리 마음 가운데 보내사 '아빠 아버지'라 부르게 하셨느니라"(갈 4:4-6). 가족 은유 외에도 포도나무나 그리스도의 몸 등 그리스도와 교회의 연속성에 대한 비유가 성경에 가득하다.

앞에서 살펴본 그리스도의 삼중적 사역(십자가, 부활, 선교) 중 처음 둘은 전적으로 그리스도의 불연속적 고유 사역인 반면, 선교는 그리스도께서 교회를 통해 일하신다는 면에서 교회와 그리스도는 선교적 연속성을 가진다고 볼 수 있다. 바울이 교회를 "하나님의 동역자들"(고전 3:9)로 표현한다든지, 그리스도의 승천 이후 신약 교회 역사를 기록한 사도행전에 종종 주님이 등장하는 이유는 이런 사역적 연속성 관점에서 이해해야 한다. 예컨대, 사도행전 2장에서 예루살렘 교회의 선교적 역할로 많은 사람들이 구원에 이르게 됐는데, 저자 누가는 "주께서 구원받는 사람을 날마다 더하게 하시니라"(행 2:47)라고 기록한다. 외형적으로는 사도와 교회의 사역적 열매지만, 머리이신 그리스도께서 교회 안에 내주하시는 그분의 성령을 통해 그 일을 이루신 것이기 때문이다. 가지가 포도나무에 접붙임받아서 본체로부터 수액을 공급받아 마침내 포도 열매를 맺게 되었을 때, 가지에 열매가 열렸다고 말할 수도 있지만 실제로는 포도나무 본체의 열매인 것과 같다.

'교회'(ekklesia)는 헬라어 동사 '부르다'(kalein)의 명사형인 '부르심'(klesis)과 동일한 어근에서 파생된 단어다. 누구를 부른다는 것은 무언가 목적이 있는 행위이지 부름 자체를 위한 것일 수 없다. 부모가 자식을 부르면 왜 부르셨는지 묻는 게 논리적 반응이다. 따라서 교회가 교회 자체를 위해 존재할 수 없고, 이 세상에 주님의 교회를 세우신 이유와 목적을 묻는 게 정상이다. 릭 워렌이 『목적이 이끄는 교회』를 쓴 것은 다양한 제도 교회의 유형 중 목적이 이끄는 교회도 있다는 게 아니라, 하나님의 부르심을 받은 공동체의 선교적 본질을 일컫는 의미다. '목적'과 '선교'는 동의어다. 기독교 문맥에서 선교로 번역되는 영어 단어 'mission'은 일반적으로 목적 또는 사명으로 번역된다. 그래서 영어권에서 사명 선언문을 보통 'mission statement'라고 표현한다.

선교의 하나님이 선교적 계시를 주셨다면, 지상의 교회는 필경 선교적 목적 때문에 존재할 것이라는 사실을 어렵지 않게 추론할 수 있다. 성경이 계시하는 교회론은 이 책의 1-3장에서 다룬 복음과 선교 개념의 연속선상에서 해석된다. 즉, 교회의 정체성과 사명이 하나님의 선교에 동참하도록 초청받은 공동체라는 관점에서 정의된다는 의미다. 선교적 부르심의 관점에서 교회를 정의한 몇몇 신학자들의 말을 아래 인용한다.

> 선교는 하나님으로부터 세상으로 흘러가는 운동이고, 교회는 그 선교의 도구다. 교회가 선교 때문에 존재하는 것이지 선교가 교회 때문에 존재하는 게 아니다. 선교에 참여한다는 것은 사람들을 향한 하나님의 사랑의 운동에 동참하는 것인데, 이는 하나님이 '보내시는 사랑'의 원천이시기 때문이다.
> —데이비드 보쉬

> 하나님의 나라는 우리가 세우는 것이 아니라 그분 자신이 세우고 계신다. 우리는 그 일에 참여할 수 있는 특권을 위해 기도할 뿐이다.
> —프란시스 쉐퍼

이 세상에서 성취해야 할 선교의 사명을 교회가 짊어지고 있는 게 아니라, 삼위 하나님의 선교가 교회를 참여시키시는 것이다.
―위르겐 몰트만

교회가 세상에서 감당할 선교가 있다고 말하는 것으로는 부족하고, 선교의 하나님께서 이 세상에 교회를 가지고 계시다는 게 맞는 표현이다.
―크리스토퍼 라이트

바울의 선교적 성경 읽기

부활하신 그리스도께서 성경의 큰 그림을 기독론, 즉 그리스도의 십자가와 부활과 선교로 정리하셨으니, 우리의 성경 읽기도 그래야 한다. 그 관점으로 구약성경을 재해석한 크리스토퍼 라이트는 우리 모두에게 '선교적 성경 읽기'를 주문한다. 아그립바왕 앞에서 복음을 변론한 바울의 성경 이해가 그리스도의 가르침과 일치한 사실을 앞에서 살펴보았다(행 26:22-23). 그 관점은 13권의 바울서신 전체에 일관되게 드러난다.

그리스도와 교회의 불연속성과 연속성을 구분할 때, 구원의 공로는 그리스도의 불연속적 고유 사역으로 주님이 과거에 이미 이루신 일이다. 십자가에서 그리스도께서 홀로 완수하신 과업을 나타내는 "다 이루었다"(요 19:30)라는 표현이 그 대표적 사례다. 그래서 바울은 그리스도의 십자가와 동일한 의미를 담는 성만찬을 언급하면서 그리스도께서 완료하신 일에 대해 우리가 할 일은 그분과 그분이 이루신 일을 기념하는 것이라고 말한다. 이러한 까닭에 십자가 대신 성찬 잔을 기독교의 상징으로 사용하는 교회도 있다. "주 예수께서 잡히시던 밤에 떡을 가지사 축사하시고 떼어 이르시되, 이것은 너희를 위하는 내 몸이니 이것을 행하여 **나를 기념하라** 하시고, 식후에 또한 그와 같이 잔을 가지시고 이르시되 이 잔은 내 피로 세운 새 언약이니 이것을 행하여 마실 때마다 **나를 기념하라** 하셨으니"(고전 11:23-25). 이어서 바울은 그리스도와 교회의 선교적 연속성을 말한다. "너희가 이 떡을 먹으며 이 잔을 마실 때마다 **주의 죽으심을 그가 오실 때까지 전하는 것이니라**"(고전 11:26). 불연속성은 그리스도께서 홀로 오롯이 이루신 과거지사로 기념의 대상이지만, 선교적 연속성은 그분의 몸인 교회를 통해 현재 진행되는 일로 종말적 미래를 지향한다.

이 관점에서 이어지는 말씀의 의미를 재고해 볼 필요가 있다. "그러므로 누구든지 주의 떡이나 잔을 합당하지 않게 먹고 마시는 자는 주의 몸과 피에 대하여 죄를 짓는 것이니라. 사람이 자기를 살피고 그 후에야 이 떡을 먹고 이 잔을 마실지니, 주의 몸을 분별하지 못하고 먹고 마시는 자는 자기의 죄를 먹고 마시는 것이니라"(고전 11:27-29). 전통적으로 이 말씀은 성만찬에 임하는 성도의 경건한 자세 개념으로 이해했다. 틀린 해석은 아니지만 불충분하다. 그리스도의 대속적 죽으심의 수혜자로서 그분의 위대한 업적을 감사하고 기리는 경건한 마음이 중요하지만, 26절에서 바울이 말하는 선교적 연속성을 생각할 때 무엇을 위해 어떤 목적으로 그리스도의 살이 찢기고 피를 흘리셨는지 분별하지 않은 채 성만찬에 참여하는 것은 "자기의 죄를 먹고 마시는 것"이라는 의미다. 주님의 보혈의 대가는 이미 구원을 받은 자들에게 제한되지 않는다. "일찍이 죽임을 당하사 각 족속과 방언과 백성과 나라 가운데에서 사람들을 피로 사서 하나님께 드리시고"(계 5:9), 먼저 그 구원의 은혜를 누리는 자들이 그분의 봄으로써 "주의 죽으심을 그가 오실 때까지 전하는" 선교적 동참자가 됨으로 성만찬에 합당한 자격을 갖추게 되는 것이다.

선교적 존재, 선교적 사명

성경은 '선교의 하나님'께서 영원한 뜻을 드러내신 '선교적 계시'이고, 그분의 목적을 위해 부름받은 교회는 '선교적 공동체'임을 생각했다. 그렇다면 이제 우리가 선교적 사명을 어떻게 감당해야 하는지 다루어야 할 시점이다. 성경은 선교가 무엇이고(what) 왜(why) 중요한지 계시할 뿐 아니라 어떻게(how) 감당해야 하는지 가르친다. 신약학자 존 스토트는 1장에서 소개한 "살아 계신 하나님은 선교의 하나님이시다"라는 글에서 이렇게 말한다. "성경이 없다면 세계 복음화는 불가능할 뿐 아니라, 사실상 생각할 수도 없을 것이다. 성경은 우리에게 세계를 복음화할 책임을 부여하고 선포할 복음을 준다. 또한 그 복음을 선포할 방법을 말해 주고, 그것이 모든 믿는 자에게 구원을 주시는 하나님의 능력이라고 약속해 준다." 스토트의 말대로 성경은 선교의 이유와 근거를 제시할 뿐 아니라, 전해야 할 메시지의 내용, 증인의 자질, 증거의 방식과 전략을 계시하고, 나아가 역동적으로 살아 있는 하나님의 말씀(히 4:12)이 선교적 동력을 제공한다. 성경이 가르치는 선교를 진지하게 배워야 할 이유다.

거듭 강조한 대로, 하나님의 선교에 그분의 방식으로 참여해야 하기 때문에, 선교의 이유와 정의뿐 아니라 자세와 방법에 대해서도 성경을 통해 잘 배워야 한다. 그러나 성급히 방법론으로 뛰어들기 전에 먼저 신중하게 고려해야 할 성경적 원리가 있다. 방법론(doing) 자체에 초점을 맞추기보다, 그것을 가능케 하는 존재론(being)을 먼저 고찰해야 한다. 엄밀히 말하면, 존재와 행위는 구분되지 않는다. 포도나무는 포도를, 감람나무는 올리브를 결실하는 게 자연스러운 순리다. 하나님의 선교 방식은 하나님의 존재에서 흘러나오는 당연한 결과다. 그래서 성경은 선교와 선행을 단순한 방법론이 아니라 존재론 차원에서 가르친다. 죄로 인해 상실된 하나님 형상의 회복이 전제되지 않은 선교와 선행은 종교적 공로로 전락할 수밖에 없다.

그리스도의 은혜로 의롭다 하심을 받아(칭의) 실존적 의인으로 변화(성화)되는 여정을 걸어가는 순례자가 하나님과 관계가 회복된 "새로운 피조물"로서 세상과 하나님을 화해시키는 선교적 사명을 감당할 수 있다는 게 성경의 논리다(고후 5:17-19). 바울이 말하는 "새로운 피조물"은 구원론과 선교론을 동시에 아우르는 개념이다. 죄로 인해 타락한 옛 자아를 벗어나("이전 것은 지나갔으니") 중생을 선물로 받은 새 자아가 되었다는 구원론적 선포("보라, 새것이 되었도다")와 더불어, 하나님이 "그리스도로 말미암아 우리를 자기와 화목하게 하시고 또 우리에게 화목하게 하는 직분을 주셨으니"라는 선교적 사명을 덧붙이기 때문이다. 따라서 배타적 구원론에 머물며 선교적 사명을 등한시한다면 여전히 이기적 옛 자아에 머무는 것이지 새로운 피조물일 수 없다. 우리가 세상에 전하도록 부탁받은 메시지는 '예수 믿고 잘되는 나' 같은 특혜의 과시가 아니라, 세상을 하나님과 '화목하게 하는 말씀'이다. 철저히 자기중심적 죄성을 따르는 옛 자아와 대조되는 새 자아는 주인이신 하나님의 뜻을 따라 선교적 사명을 감당하는 이타적 '신인류'인 셈이다.

변화되는 새 자아란 결국 하나님 형상이 회복되는 모습이다. 성경에는 하나님 닮기와 연관된 메시지가 가득한데, 전술한 대로 구원론 및 선교론을 그 관점에서 이해해야 한다. 산지사방에 흩어진 디아스포라 교회에게 보낸 베드로의 서신은 구약성경에 거듭

나오는 "내가 거룩하니 너희도 거룩할지어다"(레 11:45) 같은 하나님 형상의 회복과 연관된 구절을 인용하면서 선교적 사명을 논한다. "오직 너희를 부르신 거룩한 이처럼 너희도 모든 행실에 거룩한 자가 되라. 기록되었으되 내가 거룩하니 너희도 거룩할지어다 하셨느니라"(벧전 1:15-16). 우리에게 친숙한 베드로의 선교적 교회론(벧전 2:9)은 하나님 닮기라는 기초 위에 세워진 가르침인데, 이것 또한 구약 말씀(출 19장)을 인용한 것이다. 베드로후서도 "하나님의 성품에 참여하는 사람이 되게 하시려는 것입니다"(벧후 1:4, 새번역)라는 동일한 지향성을 드러낸다. 구약 교회든 신약 교회든, 그들이 어떤 존재가 되어야 선교적 사명을 감당할 수 있는지 성경은 일관되게 가르친다. 선교의 대위임령(마 28:18-20)은 '그리스도를 따르고 닮는 제자'가 되어(존재) 열방을 제자 삼는 일(사명)에 관한 것임을 3장에서 살펴보았는데, 제자도의 핵심인 산상수훈도 동일한 관점을 드러낸다. "하늘에 계신 너희 아버지의 온전하심과 같이 너희도 온전하라"(마 5:48).

요약

기독교는 하나님이 자신이 어떤 분이시며 그분이 천지를 창조하시고 운행하시며 구원하시는 궁극적 의도와 목적이 무엇인지 드러내신 계시 종교다. 선교의 하나님이신 그분은 자신의 선교적 의도를 성경에 계시하셨고, 교회는 그 섭리를 따라 부름받은 선교적 공동체다. 그 개념을 성경 전체가 일관되게 계시하는데, 누가복음 24장은 부활하신 그리스도께서 그러한 해석적 준거틀을 제자들에게 설명하신 내용을 기록한다. 성경의 원작자께서 방대한 계시의 큰 그림을 친히 요약해 주신 것이다.

 '기독교'(그리스도교)의 경전인 신구약 성경은 그리스도를 드러내는데, 그리스도의 십자가와 부활과 선교에 관한 계시다. 역사적 교회의 기독론은 십자가와 부활, 즉 구원론 관점으로는 잘 이해했지만, 선교적 관점은 취약한 편이었다. 구원은 그리스도께서 오롯이 이루신 신적 은혜의 영역으로 교회와 불연속적이지만, 선교는 그리스도께서 그의 몸인 교회를 부르시고 그의 영이신 성령을 보내셔서 진행하시는 연속적 사역이다. 복음을 단순히 예수 믿고 천당 가는 개념으로 풀어서는 안 되는데, 그것은 인간 중심적 뒤틀기

일 뿐 아니라 그런 관점으로는 지금 여기에 교회가 존재하는 의미와 이유를 설명할 수 없기 때문이다. 교회는 하나님 나라의 종말적 완성을 지향하고 소망하면서 그 성취를 위해 이 세상에 존재하는 선교적 공동체다.

교회에 해당하는 헬라어 단어 '에클레시아'는 특정 목적을 위한 부르심이란 뜻으로, 교회는 본질적으로 배타적 특혜 집단일 수 없고 선교적 목적이 이끄는 공동체로 자리매김하는 게 마땅하다. 교회는 선교적 섬김의 관점으로 자신의 정체성과 사명을 이해하고, 성경의 저자이신 주님의 권위 있는 해석에 따라 선교적 계시의 관점으로 성경을 묵상하고 해석하며 순종하는 순례 여정을 세상 끝날까지 충성스럽게 걸어가야 할 것이다.

성찰과 토론을 위한 질문

1. 기독교는 사람이 종교적 상식에 따라 만든 종교가 아니라 창조주 하나님이 자신을 드러내시고 그분의 뜻을 알리신 계시 종교다. 따라서 다양한 타종교에서 경전이 차지하는 비중보다 기독교에서 성경의 위상이 훨씬 중요하다. 당신의 삶에서 성경의 위상과 역할은 무엇인가? 성경은 당신에게 단순한 지적 독서의 대상인가, 아니면 당신의 존재를 규정하고 변혁시키는 살아 있는 하나님의 말씀인가? 당신은 진리의 말씀을 따라 좁지만 바른 길을 걷고 있는가, 아니면 성경의 가르침과 무관한 주관적 종교 소비자로 넓고 쉬운 길을 걷고 있는가?

2. 부활하신 주님의 권위 있는 해석에 따라 성경 전체가 선교적 계시라는 사실은 당신의 성경 읽기와 이해에 어떤 변화를 요구하는가? 그 관점으로 새롭게 깨달은 말씀이나 주제가 있다면 그 의미가 어떻게 달라졌는지 동료 그리스도인과 나누어 보라.

3. 그간 당신이 이해하던 교회론은 선교적 계시가 담아내는 선교적

교회론과 일치하는가? 불일치한다면 무엇이 어떻게 다른가? 선교적 교회론은 관행적 제도 교회의 관점과 행보가 어떻게 새로워지도록 요구하는가?

5장
그리스도 닮는 성육적 증거 공동체

"장미는 향기를 선전할 필요가 없다."
―마하트마 간디

"우리는 구원받는 자들에게나 망하는 자들에게나 하나님 앞에서 그리스도의 향기니…."
―고린도후서 2:15

존재의 모델 그리스도

4장 말미에서 다룬 하나님을 닮는 것이란 구체적으로 어떤 모습일까? 하나님의 형상이 회복된 인간의 모델은 바로 예수 그리스도시다. "그리스도는 하나님의 형상이니라"(고후 4:4), "그는 하나님의 영광의 광채시요, 하나님의 본체대로의 모습이십니다"(히 1:3, 새번역). 삼위 하나님의 제2위격이신 성자께서 완전한 인간으로 오신 중요한 이유 중 하나가 바로 여기 있다. 만일 그리스도께서 인간으로 성육신하시지 않았다면, 하나님 형상의 회복이 단순히 사변적 개념에 머물렀을 것이다. 그런데 영원부터 선재하신 진리의 하나님(요 1:1)이 육신을 입고 완전한 인간으로 세상에 오셔서 인간 역사 속에 실존하셨다. 곧 그분이 우리 곁에 찾아오셔서 장막을 치신 것이다(요 1:14). 이를 통해 구원이라는 회복의 여정이 구체적으로 무엇을 목표로 진행되어야 할 것인지 원천적 모델을 제시하셨다. 성경이 그리스도의 신성 못지않게 인성에 초점을 맞추는 이유다.

하나님이신 그리스도를 닮는다는 의미는 무엇일까? 하나님은 영이시므로(요 4:24) 그분의 외형을 보고 닮을 수는 없다. 그래서 하나님을 물리적으로 형상화하는 게 우상숭배의 오류인 것이다. 그렇다면 하나님의 형상(*imago Dei*)은 앞에서 인용한 "내가 거룩하니 너희도 거룩할지어다"(레 11:45)란 말씀처럼 필경 그분의 속성 및 성품과 연관된 개념일 것이다. 성령의 열매(갈 5:22-23)가 종교적 업적이나 신비한 은사가 아니라 성품과 연관된 특성인 이유다. 요한은 그 개념을 이렇게 설명한다. "본래 하나님을 본 사람이 없으되 아버지 품속에 있는 독생하신 하나님이 나타내셨느니라"(요 1:18). 육안으로 하나님을 볼 수 없으나, 인간으로 오신 그리스도께서 그분이 어떤 분이시고 우리가 그분을 닮는다는 의미가 무엇인지 나타내신 것이다.

'구원의 금사슬' 또는 '구원의 서정'(ordo salutis, 구원의 단계)이라는 종교개혁자들의 신학을 뒷받침하는 구절로 자주 인용되는 로마서 8:29-30은 '그리스도 닮기'라는 지향성을 잘 보여 준다. "하나님이 미리 아신 자들을 또한 그 아들의 형상을 본받게 하기 위하여 미리 정하셨으니, 이는 그로 많은 형제 중에서 맏아들이 되게 하려 하심이니라. 또 미리 정하신 그들을 또한 부르시고 부르신 그들을 또한 의롭다 하시고 의롭다 하신 그들을 또한 영화롭게 하셨느니라." 신학적 입장에 따라 종종 논란의 대상이 되는 예정론("미리 정하셨으니")이 여기 등장하는데, 어느 학파의 이론을 따르든 분명한 것은 하나님이 "그 아들의 형상을 본받게 하기 위하여" 영원 전부터 미리 계획하셨다는 사실이다. 앞에서 논한 그리스도와 교회의 연속성, 즉 주님이 "많은 형제 중에서 맏아들"이 되신다(롬 8:29)는 말도 우리의 맏형님이신 그분을 닮아 가는 구원의 여정을 설명하는 은유인 셈이다.

그리스도 닮기는 개인 차원뿐 아니라 '그리스도의 몸'인 공동체 차원에서 일어나는 일이다. 바울은 그의 대표적 교회론이라 할 수 있는 에베소서에서 공동체가 그리스도를 믿고 아는 일에 하나 되어 "온전한 사람을 이루어 그리스도의 장성한 분량이 충만한 데까지" 이르게 될 것이라고 말하면서 "범사에 그에게까지 자랄지라. 그는 머리니 곧 그리스도라"고 가르친다(엡 4:13-15). 그리스도가 존재의 모델이심을 생각할 때, 우리의 영적 성숙도는 종교적 열심이나 사역적 성과가 아니라 그분을 얼마나 닮아 가고 있는지로 측정해야 한다. 우리 모두는 그리스도께 접붙임받아 그분을 닮아 가는 여정에 있는 셈인데, 어느 영성수련원 현관에 걸린 '예수 담기, 예수 닮기'라는 족자가 생각난다. 나의 신앙 여정 중 이 사실에 대해 단순한 지식을 넘어 전인적으로 깨달았던 경험이 있다. 이는 과거에 선교사라는 신분과 사역적 위상을 내세워 자신을 높였던 미숙함을 부끄럽게 인식하고 돌아서는 계기가 되었다. 이 세상을 살아가는 그 누구도, 아무리 대단해 보이는 지도자나 교회라 할지라도 그리스도의 장성한 분량에 이른 경우는 없을 것이다. "그런즉 선 줄로 생각하는 자는 넘어질까 조심하라"(고전 10:12)는 바울의 경고를 지고의 모델이신 그리스도 앞에서 두렵게 체감한 경험이었다.

    그리스도가 우리 존재의 모델이라는 사실은 우리가 단순히 종교인이 되어 종교 생활을 열심히 하면 되는 게 아님을 보여 준다. 사실 주님은 이 세상에 사시면서 종교인, 특히 종교 지도자들과 정반대의 모습을 우리에게 보여 주셨다. 성육신하신 그리스도와 가장 심각하게 갈등한 집단은 타종교인이나 무종교인이 아니라 종교 지도자들이었고, 결국 주님은 그들에 의해 십자가에 달리셨다. 당시 종교인들의 눈에 비친 그리스도는 너무나 종교와 거리가 멀어 보였기 때문이다. 따라서 전도나 선교를 빙자해서 광신적 종교 운동을 부추기는 일부 교계의 관행을 무비판적으로 따르지 말고, 우리는 그리스도의 성품과 사역적 모범을 깊이 고찰하고 따르는 제자들이 되어야 한다.

'인간적'이란 표현이 부정적으로 사용되는 교계의 관행상 다소 역설적으로 들릴 수 있겠지만, 그리스도 닮기는 사실 인간화 과정이다. 구원이란 죄로 인한 비인간화의 사슬에서 벗어나 하나님이 창조하신 본래의 인간됨을 회복하는 과정인데, 완전한 인간으로 오신 그리스도께서 그 모습을 오롯이 담아내셨기 때문이다. 부정적 의미의 '인간적'이란 표현은 죄성을 따르는 거듭나지 않은 옛사람을 일컫는 제한된 의미로 사용될 수는 있겠지만, 믿음이 깊어지고 영성이 성숙한다는 것은 우리 존재와 사역의 모델이신 그리스도처럼 인간성이 회복되는 여정이지 종교적 도인이나 비인간적 광신자가 되는 개념은 결코 아니다. 주님이 지상 사역 중 왜 그토록 심하게 종교 지도자들과 부딪치셨는지 생각해 봐야 하는 지점이다. 그리스도의 영이신 성령의 열매, 즉 "사랑과 희락과 화평과 오래 참음과 자비와 양선과 충성과 온유와 절제"(갈 5:22-23) 같은 성품의 열매로 우리의 영적 성숙도를 측정해야 할 것이다. 율법적 행위로 구원이 이른다는 '다른 복음'에 현혹된 갈라디아 성도들을 은혜에 의한 칭의 구원론에 바로 세워 준 바울이 그들 속에 그리스도의 형상을 이루기까지, 즉 그리스도의 성품을 닮는 성화의 여정을 위해 자신이 다시 해산하는 수고를 한다(갈 4:19)고 말하는 의미다.

사역의 모델 그리스도

앞에서 논한 대로, 그리스도를 닮은 존재(being)로부터 그리스도의 사역을 닮은 방식(doing)이 나온다. 요한복음 15장의 포도나무 비유는 존재와 사역의 통전적 이해에 도움을 준다. 가지인 우리가 포도나무이신 주님께 붙음으로 본체로부터 수액이 흘러들어 와 점차 포도나무로 변화되고(being), 궁극적으로 포도 열매가 결실하는(doing) 단계에 이르는 것이다. 이 비유는 구원받은 존재가 되는 것뿐 아니라 사역의 열매를 맺는 일도 전적으로 본체이신 그리스도께서 부어 주시는 수액(은혜)에 의존함을 드러낸다. 존재가 바뀌지 않은 상태에서 결실을 기대할 수 없으니, 먼저 존재에 초점을 맞추는 게 논리적으로 맞다. 존재를 무시하고 열매에만 집착하면, 시장에서 열매를 사서 자기 몸에 못질하여 존재를 증명하려는 것 같은 무리수를 두게 된다. 역사적 교회와 선교가 종종 이런 오류를 범하지 않았나 싶다.

교회의 선교는 '지성이면 감천'식으로 하나님을 위한다는 명분을 내세워 무엇이든 아무렇게나 하면 되는 게 아니라, 그리스도께서 친히 보여 주신 모범을 따라 시행되어야 한다. 요한복음의 선교 위임령은 그 원리를 명시적으로 가르친다. "아버지께서 나를 보내신 것같이 나도 너희를 보내노라"(요 20:21). 성부께서 성자를 세상에 어떻게 보내셨는지 이해하고 하나님의 선교에 그리스도의 성육신 방식으로 참여하라는 말씀이다. 16세기 교회개혁 운동에 영향을 미친 소위 '개혁 운동 이전의 종교개혁자들'로 알려진 인물 중 14-15세기에 북유럽에서 일어난 신경건운동(Devotio Moderna)의 지도자 토마스 아 켐피스(Thomas á Kempis)가 있다. 그의 저서『그리스도를 본받아』(Imitatio Christi, 두란노)는 기독교 고전으로 우리에게도 널리 알려져 있는데, 결국 올바른 기독교 영성은 중세 교회가 호도한 종교성이 아니라 그리스도를 닮는 것임을 잘 드러낸다.

그리스도 닮기 개념을 불편해하는 이들이 더러 있다. 율법주의 반대편 극단에 있는 율법 폐기론이나 그와 유사한 구원파의 주장을 여기서 굳이 다룰 필요는 없겠지만, 정통 교회 안에도 사람이 무엇을 노력하는 행위 자체를 은혜와 상반되는 개념으로 오해하는 경우가 더러 있다. 때가 되면 존재로부터 열매가 결실하는 게 맞다면, 굳이 수고할 필요가 없지 않겠느냐는 논리 때문이다. 흔히 은혜의 반대말을 행위로 보는 경향이 있는데, 그것은 절반은 맞고 절반은 틀린 말이다. 사실 성경은 행위를 강조한다. 가령 바울서신에는 명령형 동사가 가득한데, 이는 행위(순종)의 중요성을 보여 준다. 성경이 거부하는 행위는 은혜와 반대되는 '공로'로서의 행위고, 은혜를 경험한 자의 순종의 행위는 도리어 강조한다.

루터는 행위를 강조하는 야고보서를 행위 구원론으로 오해해서 '지푸라기 서신'이라 폄하하는 오류를 범했다. 역사신학자 존 딕슨(John Dickson)은 『벌거벗은 기독교 역사: 악당인가 성자인가, 회복을 위해 마주해야 할 역사 속 기독교』(두란노)에서 이렇게 말한다. "그의 주장으로 '선행'의 지위가 다소 모호해졌다.…우리가 선한 삶을 사는 목적이 무엇인가? 루터는 분명 그리스도인들이 선한 일을 해야 한다고 주장했지만, 그 논리는 분명하지 않았다. 칼뱅은 '선한 삶'을 그리스도인의 경험의 중심으로 복귀시켰다. 그는 인간의 행위는 아무도 구원할 수 없다는 데는 루터에게 동의했지만, 행위는 인간이 하나님의 은혜를 참으로 경험했다는 '증거'라고 주장했다. 그에게 선행은 구원의 근거가 아니었지만 구원의 증표였다"(p. 409).

정리하면, 변화된 존재에서 나오는 선한 행위는 아름답지만 종교적 의무에서 나오는 행위는 흉하다. 표층적 모습은 유사할지라도, 이면적 동인과 태도가 판단의 근거가 되는 셈이다. 율법주의적 행위는 거부해야 하지만, 하나님과 사랑의 관계가 회복된 존재가 그 사랑에 취해 기꺼이 섬기는 "사랑의 수고"(살전 1:3)는 격려해야 할 아름다운 일이다. "그리스도의 사랑이 우리를 강권하시는도다. 우리가 생각하건대 한 사람이 모든 사람을 대신하여 죽었은즉 모든 사람이 죽은 것이라. 그가 모든 사람을 대신하여 죽으심은 살아 있는 자들로 하여금 다시는 그들 자신을 위하여 살지 않고 오직 그들을 대신하여 죽었다가 다시 살아나신 이를 위하여 살게 하려 함이라"(고후 5:14-15).

참된 사랑은 전인적 관계를 요구한다. '사랑하기 때문에 헤어진다'는 식의 이원론적 정신 승리는 성경이 가르치는 사랑이 아니다. 세상을 사랑하신 하나님이 사변적 사랑의 논리를 먹물로 써서 가르치신 게 아니라, 영원한 진리(로고스)에 살과 피를 입힌 그리스도로 친히 우리 곁에 다가오셔서 십자가에서 자신을 내어 주심으로 전인적이고 통전적인 사랑을 구현하셨다. 사랑의 열매는 사랑하는 대상을 얻는 것이다. 하나님은 우리를 얻으시고 우리는 하나님을 얻는다. 전인적 사랑은 전인적 사랑으로 반응해야 마땅하고, 그때야 비로소 사랑이 완성되는 법이다. 먼저 우리에게 다가오셔서 자기를 내어 주신 하나님의 사랑에 합당한 반응은 우리도 자신을 산 제물로 그분께 내어 드리는 것(롬 12:1)이다. 억지로가 아니라 사랑의 동인으로 지정의를 아우르는 전인격을 동원해서 하나님을 사랑하고(신 6:5) 동시에 그분이 사랑하시는 세상을 사랑하는 것(마 22:37-40)이, 곧 하나님의 선교에 동참하는 일이다.

성육신의 두 원리

하나님은 그리스도를 세상에 보내시는 성육신을 선교의 방법으로 택하셨다. 앞에서 논한 대로 하나님의 사랑은 단순히 심미적 글귀나 사변적 도그마로 표현된 게 아니라, 완전한 하나님이시면서 완전한 사람이신 그리스도를 보내시는 전인적이고 통전적인 방식으로 구현되었다. 역사신학자 앤드류 월스(Andrew Walls)는 하나님의 영원한 사랑을 피조물인 인간이 감지하고 누리게 하기 위한 삼위 하나님의 '번역 방식'이 그리스도였다고 말한다. 자신들의 말로 기록된 성경이 없는 미전도 종족의 말과 문화를 분석해서 번역해 주는 위클리프 성경번역선교회(WBT, 한국은 GBT)에서 세미나 강사로 앤드류 월스를 초청한 적이 있다. 거기서 그는 "당신들의 사명은 성경책을 번역해 주는 데 국한되지 않고, 성경이 계시하는 그리스도를 번역해 주는 일"이라고 도전했다.

성경이 중요한 이유는 그 자체가 주술적 힘이 있기 때문이 아니라 그리스도를 드러내는 계시이기 때문이다. 구약의 율법도 장차 오실 그리스도를 가리키는 데 그 가치와 역할이 있다. 언약궤 자체에 주술적 힘이 있는 것으로 오해한 이스라엘의 거듭된 낭패를 상기해야 한다. 늘 성경을 읽지만 성경이 가리키는 그리스도를 만나지 못하는 유대인들에게 주님은 "너희가 성경에서 영생을 얻는 줄 생각하고 성경을 연구하거니와 이 성경이 곧 내게 대하여 증언하는 것이니라"(요 5:39)라고 말씀하신다. 당시뿐 아니라 지금도 성경 공부에 열심인데 정작 그리스도를 만나지 못하는 경우가 많다. 우리 존재와 사역이 그리스도를 닮으려면 단순한 성경 지식의 축적이 아니라, 계시가 가리키는 그리스도를 인격적으로 만나 친밀한 교제를 누리면서 그분을 따라가야 한다.

마치 사랑하는 사람이 보낸 손편지를 읽을 때, 단순한 정보가 아니라 그 사람이 내 귀에 직접 속삭이는 듯한 사랑의 말로 듣는 것과 유사하다. 사랑의 교감이 생략되면 그 편지는 한낱 종잇조각에 지나지 않을 것이다. 성경도 우리 삶에서 종잇조각 취급을 당할 수 있고, 실제로 그런 경우가 많다. 그런 의미에서 이어지는 주님의 진단을 새겨들어야 한다. "그러나 너희가 영생을 얻기 위하여 내게 오기를 원하지 아니하는도다"(요 5:40). 개인적 경건의 시간이나 그룹 성경 공부를 통해 지식은 쌓지만, 정작 성경이 가리키는 그리스도를 인격적으로 만나 사랑의 교감을 나누지 않는다면 예수님 당시의 율법사나 바리새파 종교인과 다를 바 없다.

사역의 모델이신 그리스도를 닮으려면 그분의 성육신을 깊이 이해해야 한다. 그리스도의 성육신은 하나님의 선교 방식에 관해 최소한 두 가지 중요한 원리를 가르친다. 하나는 동일화 원리고, 다른 하나는 통전성 원리다. 동일화 원리는 복음을 소통하고자 하는 대상의 눈높이 맞추기에 해당하고, 통전성 원리는 말과 행실 또는 존재(being)와 사역(doing)이 일치하는 진정성 있는 증거를 가리킨다. 선교란 복음의 소통이라 할 수 있는데, 소통하려면 전달자 입장을 내려놓고 피전달자 입장에 서야 한다. 외국인에게 복음을 전하려면 자기에게 친숙한 방식과 언어를 내려놓고 대상의 말과 문화를 배워서 소통해야 하고, 어린아이와 소통하려면 아이들의 눈높이에 맞춰야 한다. 개미와 소통하려면 일단 개미가 되어야 할 것이다. 관계가 깨진 부부 사이에 소통이 회복되려면 각자 고집을 내려놓고 상대방을 배려하고 경청해야 한다. 아내는 아내대로, 남편은 남편대로 각각 자기 주장만 내세우는 것은 소통이 아닌 불통이다. 현대 교회의 전도와 선교는 소통인가 불통인가?

그리스도의 존재와 사역을 본받는 평생 여정에서 바울은 동일화 원리를 다음과 같이 설명한다. "유대인들에게 내가 유대인과 같이 된 것은 유대인들을 얻고자 함이요. 율법 아래에 있는 자들에게는 내가 율법 아래에 있지 아니하나 율법 아래에 있는 자같이 된 것은 율법 아래에 있는 자들을 얻고자 함이요. 율법 없는 자에게는 내가 하나님께는 율법 없는 자가 아니요. 도리어 그리스도의 율법 아래에 있는 자이나 율법 없는 자와 같이 된 것은 율법 없는 자들을 얻고자 함이라. 약한 자들에게 내가 약한 자와 같이 된 것은 약한 자들을 얻고자 함이요. 내가 여러 사람에게 여러 모습이 된 것은 아무쪼록 몇 사람이라도 구원하고자 함이니, 내가 복음을 위하여 모든 것을 행함은 복음에 참여하고자 함이라"(고전 9:20-23).

그리스도의 성육신이 섬김의 표현이듯, 바울도 동일화 원리를 자발적 섬김의 관점에서 설명하고 있음을 주목해야 한다. "내가 모든 사람에게서 자유로우나 스스로 모든 사람에게 종이 된 것은 더 많은 사람을 얻고자 함이라"(고전 9:19). 선교학에서 문화적 상황화 개념으로 널리 알려진 이 원리는 사실 선교 현장뿐 아니라 복음이 증거되는 모든 일상에서 적용되어야 한다. 현대 교회는 동일화 원리에 따라 피전달자인 세상을 배려하고 이해하며 그들의 눈높이로 다가가기 위해 노력하고 있는지 심각히 자문해 봐야 한다.

존재와 행위의 상관관계처럼, 눈높이 맞추기에는 표층적 차원과 심층적 차원이 공존한다. 어린이와 눈높이를 맞추기 위해 물리적으로 자세를 낮추는 표층적 행위를 가능케 하는 심층적 겸양이 바로 그것이다. 후자가 배제된 전자는 위선적 쇼일 뿐이다. 하나님이 인간과 소통하시기 위해 인간으로 오셨다는 것은 엄청난 자기 비움이자 낮춤이다(빌 2:5-8). 1980년부터 교황청 설교자로 섬겨 온 이탈리아 추기경 라니에로 칸탈라메사(Raniero Cantalamessa)의 메시지를 들은 적이 있는데, 그는 지존자이신 하나님이 자신의 신분을 떠나 무언가를 하시려면 겸손히 내려오시는 것이 유일한 선택지라고 분석했다. 세상에 섬김을 받으러 오셔야 하는 분이 도리어 섬기러 오셨다는 의미는 자기를 낮추신 성육신 사건에서 이미 시작된다. 동일화 원리는 우리가 단순히 선교 현장에서 써먹을 실용적 방법론이나 마케팅 전략이 아니라, 세상을 구원하시고 우리와 소통하시기 위해 기꺼이 신적 권리를 내려놓고 인간으로 오신 그리스도의 성육신을 깊이 반추하고 본받는 원리다. 주님이 제자들에게 요구하신 '자기 부인'(마 16:24)이 곧 그것이다.

성육신의 또 다른 핵심 원리는 통전성이다. 그리스도의 성육신은 언행일치의 소통 방식이라는 점에서 탈육적 정규 교육과 대조된다. 학교를 세워 진행하는 정규 교육은 다수에게 지식을 전수하기에 적합한 방식이지만, 그리스도를 따르고 본받는 제자도를 대체할 수는 없다. 그리스도께서 제자들에게 전수하신 것은 성경 지식과 사역적 방법론을 포함한다. 그래서 그것은 정규 교육 형태로 전수될 수 있다. 하지만 더 중요한 성품의 전수, 즉 그리스도 닮기는 삶을 나눔으로 가능하다. 자녀에게 정직을 가르치려면 명시적으로 정직의 중요성을 강조하는 것으로는 부족하고 부모가 정직하게 살아야 한다.

성품은 보고 따르는 것이지 듣고 분석하는 게 아니다. 얼마 전 한국로잔위원회에서 MZ세대를 분석하는 사회학적 조사를 했는데, 분석 결과 중 흥미로운 내용이 있었다. 흔히 복음의 수평적 확산, 즉 이웃이나 타문화권에 복음을 전하는 일이 어렵다고 생각한다. 물론 그것은 쉬운 일이 아니다. 그런데 의외로 우리는 수평적 확산보다 수직적 전승, 즉 자녀와 젊은 세대에 복음을 유산으로 넘겨주는 데 실패하고 있다는 것이다. 그 요인이 부모 세대의 존재와 삶이 자녀 세대에게 노출되어 있기 때문이라는 분석이었다. 부모 세대는 신앙생활을 열심히 했는데, 요즘 젊은 세대가 헌신이 부족해서 일어난 현상일까? 그런 면도 어느 정도 있겠지만, 근본적으로 우리가 시도하는 복음의 증거 및 전승에 통전성이 결여된 것이 핵심적 이유다. 그토록 목소리 높여 열심히 전파하는 복음의 가치를 정작 우리는 살아 내지 못하고 있는 게 아닐까? 그리스도를 아직 인격적으로 만나지 않은 젊은 세대 입장에서, 존재와 삶에서 그리스도의 모습이 보이지 않는 기성세대가 외치는 현란한 종교적 수사가 그들의 신앙 입문에 약이 될지 독이 될지 심각하게 고민해 봐야 한다.

동일한 문제가 수평적 전도와 선교의 현장에도 존재한다. 평생 무신론자나 타종교인으로 살아온 사람을 길거리에서 붙잡고 전도지를 읽어 주면 주님을 만나고 영접하게 될까? 제임스 엥겔(James Engel)이란 신학자가 사람들이 점진적으로 복음에 다가오거나 멀어지는 단계를 분석한 '엥겔 도표'(Engel Scale)라는 게 있다. 기독교에 전혀 관심이 없거나 부정적 생각을 갖는 단계에 있던 자연인이 신앙인 친구와 교류하거나 신앙 공동체의 섬김을 받거나 미디어의 영향을 통해 복음에 긍정적인 태도를 갖게 되는 단계에 이른 경우, 사영리나 전도지를 제시하는 방법이 통할 수 있다.

하지만 그런 사례를 일반화해서 전도하려는 대상이 어느 단계에 있든 상관없이 우리가 할 말을 기계적으로 전하면 된다고 우겨서는 안 된다. 그것은 쌍방적 소통이 아닌 일방적 선전이기 때문이다. 그뿐 아니라 니고데모, 사마리아 여인, 삭개오, 간음한 여인, 율법사, 부자 청년 등 다양한 대상이 당면한 독특한 상황들을 배려하시고 각각 다른 방식으로 접근하신 예수님의 모범에도 어긋난다. 특히 기독교에 대한 반감으로 마음의 문을 닫고 있는 사람에게 막무가내로 선전한다고 정보가 입력되지 않을 뿐더러, 행여 전도자가 외치는 소리를 들었다 해도 내면의 세계관과 가치관이 주술적으로 변화(회심)되는 건 결코 아니다. 변화는 정보 전달이 아니라, 그리스도와의 인격적 만남을 통해 일어나기 때문이다. 세상이 마음을 열든 말든 '예수 천당, 불신 지옥'을 외치면 변화된다는 생각은 성육신을 통한 하나님의 소통 원리와 충돌될 뿐 아니라 특정 주문을 외우면 신통력이 발휘된다는 무속적 패러다임에 더 가까워 보인다.

미국 교회가 당면한 다양한 사안을 사회학적으로 조사하고 분석하는 바나 연구소(Barna Research Group)는 근현대의 탈기독교적 세속화 현상에도 불구하고 대다수 미국인들이 그리스도에 대한 진지한 대화에 마음이 열려 있다는 긍정적 조사 결과를 발표했다. 사람들을 단순히 전도의 대상으로 보고 일방적 선전을 일삼는 무례한 접근을 멈추고, 인격적으로 존중하면서 그들의 이야기를 진지하게 경청하고 이해하려 한다면 얼마든지 대화할 수 있다는 것이다. 그간 교회의 전도와 선교 전략이 얼마나 비인간적이었는지 반증하는 씁쓸한 내용이자, 죄인들의 이웃으로 다가오신 그리스도의 모범을 따른다면 오늘날도 얼마든지 승산이 있음을 보여 주는 조사 결과다. 평소에 불신자들과 의미 있는 관계를 맺지 않고 있는 현대 교회 스스로 전도의 통로를 막고 있는 듯하다는 게 바나 연구소의 분석이었다(참고. "What Non-Christians Want from Faith Conversations", Barna Research Group, Feb. 19, 2019).

위에서 살핀 대로, 말씀의 능력이란 그 내용을 전달하면 된다는 의미가 아니라 말씀이 담아내는 그리스도의 능력을 가리킨다. 바울이 전한 말씀의 능력은 바울 안에 사시는 그리스도(갈 2:20)의 능력이 발휘된 것이지, 아무나 성경 말씀을 주술적으로 사용해도 된다는 의미가 아니다. 그분의 존재와 사역을 닮지 않는 사람이 성경에 기록된 명시적 내용을 외치면 된다는 주장은 구약 시대에 언약궤 자체에 주술적 힘이 있다고 오해한 비성경적 발상이다. 명시적 내용의 전달로 전도와 선교를 대치할 수 있다면, 그리스도께서 굳이 성육신을 통해 세상에 오실 필요 없이 영원한 진리(로고스)의 내용을 하늘에서 큰 소리로 들려주시면 되었을 것이다.

언어(증언)에 경도된 현대 교회

현대 전도의 문제는 전도를 단순한 정보 전달로 환원하는 데 있다. 말이 중요하고 결국 말로 그리스도를 설명해야 하지만, 그 단계까지 이르는 과정이 생략된 게 문제의 핵심이다. 소통이란 언어

만으로 성립되는 게 아니다. 소통은 우선 일방통행이 아닌 쌍방통행이고, 소통 당사자들의 언어 및 비언어를 아우른다. 쌍방통행이라는 점에서 소통은 인격적 교감을 전제한다. 힘의 균형이 깨진 상태에서 강자의 일방적 선언은 소통이 아닌 불통이다. 그리스도께서 하늘의 권리를 스스로 내려놓으시고 우리의 평범한 이웃으로 다가오신 이유다. 경우와 상황을 따지지 말고 무조건 복음을 '선포'해야 한다고 주장하는 경우가 많은데, 내가 이해하는 선포는 복음을 희석시키거나 타협하지 않는 것이지 소통을 배제하는 개념이 아니다. 하나님은 우리와 변론하고 소통하기 원하시는데(사 1:18), 교회가 고집불통의 방법을 택하는 게 옳은가? 한편, 소통은 언어와 비언어를 아우른다. 영원한 진리의 말씀을 소리내어 들려주시기보다 굳이 성육신을 소통의 방법으로 택하셨는데, 현대 교회는 무슨 근거로 전도를 말(증언)로 제한하는 것일까?

전도와 연관된 성경의 일반적 표현은 '증인'이란 명사와 '증거하다'라는 동사다. 영어 단어 'witness'는 문맥에 따라 명사나 동사로 사용되는데, 성경은 동사(증거 행위)보다 주로 명사(증인)를 사용한다. "나 여호와가 말하노라. 너희는 나의 증인, 나의 종으로 택함을 입었나니"(사 43:10), "또 그의 이름으로 죄사함을 받게 하는 회개가 예루살렘에서 시작하여 모든 족속에게 전파될 것이 기록되었으니 너희는 이 모든 일의 증인이라"(눅 24:47-48), "오직 성령이 너희에게 임하시면 너희가 권능을 받고 예루살렘과 온 유대와 사마리아와 땅끝까지 이르러 내 증인이 되리라"(행 1:8). 앞에서 논한 대로, 먼저 증인에 합당한 존재가 되는 게 중요하고, 거기서 증거 행위가 나오는 게 순리다. 성경이 정의하는 증인의 자질을 벗어난 자가 증거 행위에 집착하는 것은 바람직하지 않고 도리어 역효과를 낼 뿐이다. 나는 선교한국의 요청으로 『우리가 이 일에 증인이라: 증거하는 행위보다 증인의 자질이 더 중요하다』(죠이북스)라는 소책자를 써서 2012년 대회 참석자들과 나눈 바 있다.

증거 행위는 다시 언어와 비언어로 분류된다. 우리는 말을 함으로 소통할 뿐 아니라 말을 하지 않음으로도 소통한다. 관계가 깨진 부부는 목소리 높여 불편한 심기를 표현하기도 하지만, 피차 입을 다물어서 상대방과 교감하지 않겠다는 강력한 의도를 전하기도 한다. 따라서 세상에 복음을 소통하는 데에는 우리의 언어와 더불어 존재와 삶이라는 비언어가 중요한 역할을 한다. 앞에서 살핀 대로, 우리가 말로 선포하는 복음의 전파 효과는 그에 부응하는 우리의 존재와 삶으로 강화된다. 그 통전성이 결여되면 성경 구절을 인용하거나 심지어 "천사의 말"을 한다 해도 세상에 복음이 아닌 소음, 즉 시끄럽게 "울리는 꽹과리"로 들릴 수 있다(고전 13:1). "성경이 아니라 생활에 밑줄을 그어야 한다"는 기형도 시인의 "우리 동네 목사님"에 나오는 시구처럼, 전도지의 내용이나 성경 구절을 소리 내서 읽어 주는 게 능사가 아니라는 말이다. 단순히 성경 구절을 인용한다고 '성경적'이 되는 건 아닐 수 있다. 공생애를 앞두고 광야에서 시험받으시던 주님에게 마귀도 성경을 인용하지 않았는가.

그리스도의 성육신을 통한 통전적 소통을 보여 주는 대표적 성경 기사는 아마 요한복음 1장일 것이다. 1절에 나오는 '태초'는 창세기 1:1에 기록된 천지창조의 태초보다 근원적인 영원한 시초를 가리킨다. 영원 전부터 선재하신 진리의 로고스가 육신을 입고 세상에 오신 사건을 요한이 기록한다. "말씀이 육신이 되어 우리 가운데 거하시매 우리가 그의 영광을 보니 아버지의 독생자의 영광이요 은혜와 진리가 충만하더라"(요 1:14). "율법은 모세로 말미암아 주어진 것이요"(요 1:17a), 즉 율법과 제의 등 다양한 상징으로 장차 오실 그리스도를 가리키는 계시는 구약성경에 많이 나온다. 하지만 하나님의 본성에 해당하는 '사랑과 공의' 또는 '은혜와 진리'는 신약성경이 아니라 신구약 성경 전체가 가리키는 그리스도 자신으로 계시된다. "은혜와 진리는 예수 그리스도로 말미암아 온 것이라. 본래 하나님을 본 사람이 없으되 아버지 품속에 있는 독생하신 하나님이 나타내셨느니라"(요 1:17b-18).

요한은 그리스도의 성육신 기사 중간에 세례 요한을 등장시키는데(요 1:6-8), 교회를 대표해서 그리스도의 통전적 증거를 존재와 삶으로 담아내는 증인의 모습을 그리려는 의도가 엿보이는 구성이다. 우리 사역의 모델인 그리스도의 성육신 원리를 따라 복음의 소통이 언어와 비언어를 아우르는데, 언어에 경도된 현대 교회의 선입견이 안타깝게도 성경번역에 영향을 미쳤다. 개역개정의 번역을 살펴보자. 6절에서 "하나님께로부터 보내심을 받은" 세례 요한을 소개한 후, 이어지는 두 절에서 그의 역할을 설명한다. "그가 증언하러 왔으니 곧 빛에 대하여 증언하고 모든 사람이 자기로 말미암아 믿게 하려 함이라. 그는 이 빛이 아니요 이 빛에 대하여 증언하러 온 자라"(요 1:7-8).

오역이라고 공격할 의도는 없지만, 개역개정의 번역과 연관해서 두 가지 이슈가 있다. 먼저, 원문에서는 동사(증거 행위)가 아닌 명사(증인)가 사용되었는데, 개역개정은 동사("증언하러, 증언하고")로 번역했다. 등가(等價)의 의미를 전달하기 위해 원문의 명사를 동사로, 또는 그 반대로 번역할 수 있다. 언어는 내용을 담는 그릇으로, 한 언어가 담아내는 내용을 다른 언어로 옮길 때 표층적 형태의 변화가 불가피한 경우가 많기 때문이다. 따라서 원문에 담긴 의미를 충실히 전달하는 한, 명사를 동사로 바꾼 것을 트집 잡을 필요는 없다. 증인(명사)으로 보냄받았다는 사실은 곧 증거 행위(동사)를 위한 보냄일 터이다. 어차피 7절에는 명사("witness")에 이어 동사("testify")가 나온다.

문제는 동사를 '증언하다'로 번역한 점이다. 전술한 대로, 언어와 비언어를 아우르는 개념을 담기에는 '증거하다'라는 포괄적 표현이 더 적절했을 텐데, 굳이 '증언하다'라고 특정함으로써 증거를 언어로 한정한 사실이 아쉽다. 이어지는 "모든 사람이 자기로 말미암아 믿게 하려 함이라"라는 말씀이 단순한 증언을 넘는 증인의 통전적 역할을 암시하고 있다. 개역개정뿐 아니라 새번역이나 공동번역도 '증언하다'로 번역한 반면, 흥미롭게도 그 이전의 개역성경과 현대인의성경은 '증거하다'로 번역했다.

성경을 번역하는 선교 단체에서 사역한 입장에서 다른 번역자들의 역본을 공격할 마음은 추호도 없다. 어차피 하나님의 영감으로 기록된 성경은 역본이 아닌 원본이고, 번역 과정에 크고 작은 오류가 발생하기 마련이다. 그래서 번역된 성경을 점검해서 원문의 의미를 더 정확하게 담아내고 번역 대상의 언어와 문화에 더 적실하게 표현되도록 개정하는 작업이 정기적으로 반복되어야 하는 것이다. 여기서 새삼스럽게 번역 문제를 거론한 것은, 소통을 요구하는 전도와 선교의 과업을 말로 환원하는 현대 교회의 관행이 의식적으로나 무의식적으로 번역 과정에 영향을 미친 것으로 보이는 사례를 통해 언어와 비언어를 아우르는 통전적 증거의 이슈를 강조하려 한 것이다.

탈종교 시대와 선교적 통전성

선교적 통전성은 성경이 기르치는 초상황적 원리다. 역사적 교회가 그 원리를 깨닫지 못하거나 곡해할 때, 역사를 운행하시는 하나님이 종종 시대적 상황을 통해 그 중요성을 깨닫게 하신다. 다른 어느 때보다 이른바 탈종교 시대라 불리는 지금이 그런 시점이 아닐까 싶다. 탈종교란 개념은 주로 서구에서 거론되다가 이제 우리에게도 익숙해졌는데, 전통적으로 기독교권으로 분류되던 서구에 탈종교 시대가 왔다는 말은 탈기독교 시대의 도래를 의미한다.

흔히 과학과 문명이 발달하면서 사람들이 종교를 떠나거나 무신론자가 된다고 말한다. 1910년 에든버러 선교 대회 때만 해도 20세기 말이 되면 선교의 전진과 과학 문명의 발달로 정령 숭배나 샤머니즘 같은 하등 종교가 지구상에서 대부분 사라질 것으로 예측했다. 그러나 21세기를 맞은 현재 고등 종교든 하등 종교든 세상에서 종교가 사라지지 않았다. 인간 존재의 심연에 영원을 사모하는 마음(전 3:11)을 심으신 하나님의 섭리를 따라 사람들이 결코 종교를 버리지 않기 때문이다. 특정 종교를 떠나 다른 종교로 이동할 뿐, 인간이 전적인 무종교 상태로 가는 것은 존재론적으로 불가능하지 싶다. 예컨대, 탈종교적 세속화가 가장 진전된 사회라고 자타가 공인하는 서구에서 유독 창궐하는 뉴에이지 운동이 시대와 상황, 과학 문명의 발달과 무관하게 인간의 본성이 끊임없이 종교성을 추구한다는 사실을 보여 준다.

어떤 의미에서, 창조자가 없다고 믿는 것도 일종의 무신론 혹은 반신론 종교라 할 수 있다. 신의 존재를 증명하기보다 비존재를 증명하기가 훨씬 어려운데, 무신론자들은 신이 없다고 굳게 믿기 때문이다. 과학적 증거나 철학적 논리를 내세워 신이 없다고 논증하는 사실 자체가 그 사람이 무기물의 변이 과정을 통해 생성된 유물론적 존재가 아니라, 전지하신 하나님의 형상으로 창조되어 형이상학적으로 사유하는 존재라는 사실을 역설적으로 증명한다.

결국 서구에 그리고 이제는 대한민국을 포함한 비서구에 탈종교 시대가 왔다는 것은 엄밀히 말해서 종교가 사라지기보다 사람들이 기존 종교를 떠나는 흐름을 보여 준다. 즉, 기독교 입장에서 사람들이 교회를 떠나는 현상을 이성적 사고와 과학 문명의 탓으로 핑계 대기 어렵다는 말이다. 사람들이 기독교를 떠나는 게 정말 이성적 사고력의 증진과 과학 문명의 발달 때문일까? 하나님이 친히 인간에게 이성을 선물로 주시지 않았는가? 하나님의 피조 세계를 탐구하는 과학 문명을 신앙의 적으로 매도하는 게 옳은가? 앞에서 살핀 대로, 서구뿐 아니라 한국 교회에서도 차세대가 대거 교회를 떠나고 있다. 그들이 과학 문명의 발달 때문에 교회를 떠난다고 말할 수 있을까? 서구든 비서구든, 기독교의 통전성 부족 및 부재가 그 중요한 원인이다. 고상한 가르침과 찬란한 약속을 남발하는 교회가 언행으로 드러내는 저속한 가치관과 함량 미달의 통전성에 실망해서 떠나는 것이다.

미국의 철학자 찰스 테일러(Charles Taylor)는 요즘 널리 주목받는 그의 저서 『세속 시대』(*A Secular Age*, Harvard University Press)에서 서구 사회가 기독교를 포함한 전통적 가치를 벗어나 세속화 과정을 거쳐 '진정성의 시대'로 접어들었다고 21세기를 정의한다. 테

일러도 탈종교적 세속화 현상의 원인을 과학과 이성의 발달로 치부하는 것은 지나치게 단순한 주장이라고 논박한다. 세계화 물결을 타고 서구를 넘어 지구촌 보편 현상이 되고 있는 이 시대적 특성은, 어떤 대단한 주장이나 가치 또는 윤리 도덕이나 종교든 유력한 사람이 앞장서서 깃발을 흔든다고 대중이 따라가던 소위 '동원의 시대'(19세기부터 20세기 중반)는 이미 지나갔고, 그 주장의 신빙성을 뒷받침할 진정성을 요구하는 시대가 되었음을 보여 준다. 다소 어려운 단어인 진정성(authenticity)은 자기충실성(self-fulfillment)으로 표현되기도 하는데, 다수의 견해나 외부 압력에 굴복하거나 순응하지 않고 각자 자기 신념과 갈망을 행동으로 옮기는 자질을 가리킨다.

포스트모더니즘의 특징과 겹쳐지는 이 개념은 극단적 개인주의와 상대주의 흐름을 드러낸다는 점에서 부정적이지만, 한편 이제는 어떤 종교나 이데올로기나 체제도 군중 심리를 선동하는 방식이 통하지 않고 그것이 내세우는 가치와 실제가 일치하는 통전성을 요구한다는 점에서 긍정적이다. 진정성 시대가 도래한 것은 선교적 도전이자 기회다. 통전적 복음으로 진검 승부를 한다면 과거 동원의 시대보다 훨씬 승산이 있는 시대정신이기 때문이다. 동원의 시대에 구름처럼 교회당으로 몰려온 사람들이 정말 회심자들이었는지 아니면 거대한 거품이었는지 솔직한 분석과 평가가 필요하다. 진정성 또는 자기충실성은 세상의 대세를 무비판적으로 따르지 않고 회심한 가치와 신념을 따라 살아가야 할 복음적 가치와 맞닿은 호재가 될 수 있다. "여러분은 이 시대의 풍조를 본받지 말고, 마음을 새롭게 함으로 변화를 받아서 하나님의 선하시고 기뻐하시고 완전하신 뜻이 무엇인지를 분별하도록 하십시오"(롬 12:2, 새번역).

교회가 건강한 통전성을 유지하면 세상을 축복하는 선교적 존재로 세상에 소망을 주지만, 맛을 잃은 소금이나 빛을 잃은 종교 집단으로 전락하면 세상에 절망을 준다. 후자의 경우, 도리어 세상이 교회를 깨우고 책망한다. 요즘 부쩍 그런 시대가 온 듯한 느낌이 드는 것은 지나친 노파심일까? 하나님의 뜻을 거슬러 반대 방향으로 향하던 선지자 요나 때문에 이방 선원들이 죽음의 위기에 직면했던 사건이 떠오른다. 죽어 가는 세상이 선지자의 존재와 사역을 통해 살아나는 게 순리인데, 도리어 요나의 불순종 때문에 그와 함께 배를 탄 이방인들과 선원들이 몰사할 위기에 처하는 역설적 상황이 연출된 것이다. 선지자가 세상을 깨워야 하는데, 도리어 세상이 잠자던 요나를 깨웠다는 사실이 부끄럽고 두렵다.

하나님의 자비롭고 공의로운 통치를 받는 이스라엘이 열방 중에서 구별된 거룩한 공동체로 선교적 역할을 감당하기는커녕 통전성이 결여된 민폐 종교 집단으로 전락한 모습을 꾸짖는 내용이 구약성경에 종종 나오는데, 그저 지나간 일로 치부하기에는 현대 교회와 너무 닮아 있다. 포로 시대 직전에 활동한 예레미야를 통해 하나님은 종교 권력으로 전락한 제사장들과 그들을 맹종하는 한심한 이스라엘 백성을 꾸중하신다. "이 땅에 무섭고 놀라운 일이 있도다. 선지자들은 거짓을 예언하며 제사장들은 자기 권력으로 다스리며 내 백성은 그것을 좋게 여기니 마지막에는 너희가 어찌하려느냐?"(렘 5:30-31)

이어서 하나님의 허용적 섭리를 따라 "이방의 빛"(사 42:6; 행 13:47)으로 포로 생활을 하던 이스라엘 백성이 이방의 수준에도 못 미칠 뿐더러 더욱 사악한 집단이 되었음을 책망하시는 심판의 말씀이 뒤따른다. "내가 그를 이방인 가운데에 두어 나라들이 둘러 있게 하였거늘, 그가 내 규례를 거슬러서 이방인보다 악을 더 행하며 내 율례도 그리함이 그를 둘러 있는 나라들보다 더하니, 이는 그들이 내 규례를 버리고 내 율례를 행하지 아니하였음이니라. 그러므로 나 주 여호와가 말하노라. 너희 요란함이 너희를 둘러싸고 있는 이방인들보다 더하여 내 율례를 행하지 아니하며 내 규례를 지키지 아니하고 너희를 둘러 있는 이방인들의 규례대로도 행하지 아니하였느니라. 그러므로 나 주 여호와가 말하노라. 나 곧 내가 너를 치며 이방인의 목전에서 너에게 벌을 내리되 네 모든 가증한 일로 말미암아 내가 전무후무하게 네게 내릴지라"(겔 5:5-9).

세상이 표층적으로 이해하는 기독교의 가르침은 복음의 본질과 거리가 있겠지만, 그럼에도 불구하고 세상은 기독교를 고고한 가치를 내세우는 고등 종교로 분류한다. 즉, 교회를 향한 세상의 기대치가 높다는 의미다. 기대가 높으면 실망도 큰 법이다. 역사적 교회가 세상에 소리 높여 선포하는 가치를 정작 자신들은 담아내지 못함으로 세상을 실망시킨 결과, 전통적 기독교권으로 분류되던 서구 사회가 기독교에 등을 돌리는 암울한 시대가 도래했다. 소위 '세속화'란 말은 '탈종교화'와 유사한 의미로, 이제는 세계화 물결을 따라 서구를 넘어 지구촌 곳곳으로 퍼지고 있는 현상이다.

더 이상 미사여구로 치장된 멋진 말이나 교회 스스로도 믿지 않는 듯한 공허한 약속을 남발하지 말고, 언행이 일치하는 통전성으로 닫혀 있는 세상의 마음을 열어야 한다. 진정성이 결여된 기독교에 실망한 세상의 마음을 다시 여는 방법은 통전성을 회복하는 길밖에 없다. 우리에게 친숙한 종교적 제의에만 집착한다면 종교 소비자들을 얻을 수는 있겠지만 진정한 회심의 열매를 기대하기는 어렵다. "율법학자들과 바리새파 사람들아! 위선자들아! 너희에게 화가 있다! 너희는 박하와 회향과 근채의 십일조는 드리면서, 정의와 자비와 신의와 같은 율법의 더 중요한 요소들은 버렸다"(마 23:23, 새번역).

다시 소통의 원리로 돌아가서 진정성 시대가 요구하는 증인의 통전성에 대해 생각해 보자. 굳이 성경을 인용하지 않더라도, 소통하고자 하는 내용(메시지)도 중요하지만 누가(메신저) 소통하는지도 중요하다. 마셜 매클루언(Marshall McLuhan)이란 캐나다의 사회학자이자 문명 비평가가 있는데, "매체가 곧 메시지다"(The medium is the message)란 말이 그의 대표적 논리다. 소통의 현장에서 메시지와 메신저(매체)가 구분되지 않는다는 말이다. 전달되는 메시지의 신빙성을 메신저의 신뢰도가 결정한다는 의미로, 앞에서 논한 '증인과 증거의 통전성' 개념과 겹쳐진다. 적폐청산 정국을 통과하며 우리는 수많은 증인이 법정에 서는 모습을 지켜봤다. 특정 증인이 얼마나 말을 조리 있게 잘하는지보다, 그가 신뢰할 만한 증인(메신저)인지 여부가 그가 주장하는 증거(메시지)의 신빙성에 결정적 영향을 미침을 우리는 잘 안다.

세상에 복된 소식을 전하는 영광스러운 사명을 부여받은 교회는 존재와 사역의 모델인 그리스도를 닮는 성육신적 증인이 되어야 할 것임을 성경이 가르치고, 위선적 종교에 식상한 세상도 통전적 증인을 요구한다. 전도나 선교는 통전성을 상실한 종교 소비자가 다른 소비자를 끌어모으는 부도덕한 상행위가 아니다. 그리스도를 따르는 제자가 되어 다른 이들을 제자 삼는 일이 성경이 정의하는 선교다. 2010년 남아프리카공화국의 케이프타운에서 열린 제3차 로잔대회의 결과물인 『케이프타운 서약: 하나님의 선교를 위한 복음주의 헌장』(*The Cape Town Commitment: A Confession of Faith and a Call to Action*, IVP)은 말한다. "제자 삼지 않는 복음 전도나 그리스도의 명령에 대한 급진적 순종이 없는 부흥은 그저 조금 부족한 것이 아니라 위험한 것이다"(p. 81). 나아가서 말과 행실,

선포와 구현이 통합된 진정성 있는 전도와 선교가 성경적 가르침임을 천명한다. 총체적 선교는 복음을 선포하고 드러내는 것이다. "성경적 삶이 없이는 성경적 선교도 없다"(p. 113).

소금으로 빛으로

증인과 증거의 통전성은 탈종교 시대라는 상황에 반응하는 임기응변이 아니라, 시대와 상황을 초월한 성경적 원리다. 애초에 주님은 제자도의 핵심인 산상수훈 초두에서 '소금과 빛' 은유를 통해 단순한 증언이 아니라 말과 행실을 아우르는 통전적 증거를 주문하셨다. "이같이 너희 빛이 사람 앞에 비치게 하여 그들로 너희 착한 행실을 보고 하늘에 계신 너희 아버지께 영광을 돌리게 하라"(마 5:16). 진리를 선포하되, 부패한 세상의 소금으로, 깜깜한 세상의 빛으로 증거하라고 처음부터 말씀하신 것이다. 주님이 많은 말씀으로 가르치셨지만 어느 누구도 그분을 삶과 분리된 말쟁이라 비난할 수 없을 것이다. 원수를 사랑하라 하신 그분이 실제로 원수를 사랑하셨고, 섬김을 받기보다 섬기라 하신 그분이 제자들의 발을 씻기셨기 때문이다.

위선적 종교라는 오명으로 세상이 마음 문을 닫고 있는 암울한 현실을 타개할 유일한 해법은 구차한 변명이나 이미지 조작이 아니라 세상의 소금과 빛으로 사는 통전성 회복밖에 없다. 과거보다 세상이 더 악해져서 복음을 외면하거나 반기독교 세력이 커져서 교회를 음해하는 게 아니라, 우리가 소금과 빛이 아니어서 외면당하는 것이다. 타락 이래 세상이 악하지 않은 때가 없었고, 진리를 거스르는 세력이 교회를 음해하지 않은 시기도 없었다. 사실 세상이 어두울수록 도리어 우리가 들고 있는 작은 촛불 하나가 더욱 위력을 발휘할 수 있는 좋은 기회다. 결국 세상이 어두운 게 문제가 아니라, 우리가 빛이 아닌 게 문제다. 최근 영화나 드라마에서 교회를 노골적으로 비판하는 사례가 부쩍 늘고 있는 현상에 대해 한 문화 평론가는 "세속적 가치에 소비되는 종교"를 고발하는 것이라 평한 바 있다.

통전성 회복의 필요는 진정성을 요구하는 탈종교 시대의 새삼스러운 깨달음이 아니라 통시적 기독교가 일관되게 유지해 온 성경적 원리다. 19세기 북미주 부흥 운동에 쓰임받은 D. L. 무디(Moody)는 단순한 증언으로 승부수를 건 부흥사가 아니라 증거의 통전성에 대한 이해를 가진 지도자였다. 교회의 실수나 추태를 변호하기 위해 우리는 흔히 "부족한 우리를 보지 말고 진리의 말씀인 성경을 보라"고 강변하곤 하는데, 그런 주장에 대해 무디는 "백 명 중 한 명쯤은 성경을 펴겠지만, 아흔아홉 명은 그리스도인들을 본다"면서 통전적 증인이 될 것을 요구했다. 무디와 동시대에 영국에서 활동한 부흥사 로드니 스미스(Rodney Smith)도 세상에게 "그리스도인은 제5복음서"라며, 세상이 그리스도인을 보고 그리스도를 발견해야 한다고 말했다. 신자들도 잘 안 읽는 성경을 세상에게 읽으라고 요구하는 건 비현실적 주문이다.

우리는 그리스도가 아니니 부족한 우리를 보지 말고 완전하신 그리스도를 보라는 주장도 통전적 증인의 직무를 유기하려는 구차한 핑계고, 소위 '그리스도의 몸'이라는 정체성을 가진 교회가 할 말이 아니다. 고린도 교회에게 바울은 "우리는 그리스도의 전권 대사입니다. 하나님은 우리를 통해 여러분에게 말씀하고 계시는 것입니다"(고후 5:20, 현대인의성경)라고 말한다. 대사는 한 나라를 대표하는 상징적 인물이다. 가령, 주한 일본 대사가 독도는 일본 땅이라고 망언하면 많은 한국인들이 일본 대사관에 몰려가 항의할 것이다. 그때 일본 대사가 자기를 보지 말고 일본을 보라고 한다면, '당신이 곧 일본'이라고 맞받아칠 것이다. 그가 일본을 대리해서 대한민국에 머물기 때문이다. 우리가 그리스도의 전권 대사라는 신분을 가볍게 여겨서는 안 되는 이유다. 종교개혁자 루터는 "모든 그리스도인의 의무는 이웃에게 그리스도가 되는 것"이라고 말했다. 위클리프 성경번역선교회가 단순히 성경책을 번역하는 단체로 머물면 안 되고 그리스도를 번역하는 공동체가 되어야 한다는 앤드류 월스의 조언이 다시 생각나는 말이다.

교회가 증인의 통전성을 회복한다면 심지어 전도에 힘쓰지 않아도 세상이 마음을 열 것이다. 초대교회를 깊이 연구한 앨런 크라이더는 그의 저명한 책 『회심의 변질』의 후편인 『초기 교회와

인내의 발효: 로마제국 안에 뿌리내린 초기 기독교의 성장 비밀』(The Patient Ferment of the Early Church: The Improbable Rise of Christianity in the Roman Empire, IVP)을 집필하면서 초대교회 문헌에 전도 활동의 기록이나 전도를 강조하는 설교가 부재한 사실이 놀랍다고 평한 바 있다. 초대교회는 전도에 힘쓰지 않았는데도 전도가 된 것이다! 어떻게 그런 일이 가능했을까? 당대의 그리스도인들이 존재와 삶으로 구현한 복음의 능력 때문이었다. 이방인 가운데 흩어져 사는 디아스포라 성도들에게 베드로는 통전적 삶을 통한 복음 증거를 요청하는데, 그 결과 이방인이 자발적으로 성도를 찾아와 소망의 이유를 물을 때 온유함과 두려움으로 그 이유를 설명하라고 권한다(벧전 3:15). 생각보다 행동이 앞서던 어리숙했던 과거의 모습을 벗어난 성숙한 지도자의 모습이 엿보이는 베드로의 가르침이다.

무디는 "등대는 나팔을 불지 않는다. 다만 빛을 비출 뿐이다"라고 말했는데, 힌두교 지도자 마하트마 간디(Mahatma Gandhi)가 스탠리 존스(E. Stanley Jones) 선교사에게 했다는 "장미는 향기를 선전할 필요가 없다"는 말과 유사한 개념이다. "우리는 구원받는 자들에게나 망하는 자들에게나 하나님 앞에서 그리스도의 향기"(고후 2:15)인데, 정작 그 향기는 사라지고 지나치게 말이 많고 시끄러운 기독교가 되어 버린 건 아닌지 염려된다. 19세기 말 『예수님이라면 어떻게 하실까?』(In His Steps: What Would Jesus Do?, 예찬사)란 베스트셀러로 우리에게 예리한 질문을 던진 찰스 셸던(Charles M. Sheldon)처럼, 증인의 통전성 원리는 일상을 살아가는 우리에게 끊임없이 말을 걸어온다. "만일 예수님이 당신의 자리에 계신다면 어떻게 하실까? 그분이 당신처럼 회사원이나 소상공인, 기업가, 공무원 또는 평범한 가정주부라면 어떻게 하실까?"

주님도 공생애 이전에 평범한 생업에 종사하며 사회생활을 하셨다는 사실을 기억하자. 그때 그분은 관행에 따라 불의와 타협하셨을까? 부당한 이익을 위해 탈세나 뇌물 등 불법을 자행하셨을까? 가난하고 병든 이웃으로부터 시선을 회피하셨을까? 세상의 불의에 눈감으셨을까? 하나님의 사랑과 공의를 구현하는 것보다 종교 생활에 몰두하셨을까? 공생애 이전의 삶에 대해 복음서가 자세히 기록하진 않지만, 그분의 가르침과 삶에 풍부하게 드러나는 통전적 증인의 모습이야말로 마지막 때를 살아가는 우리가 닮아 내야 할 모범이다. "아버지께서 나를 보내신 것같이 나도 너희를 보내노라"(요 20:21).

요약

성경은 증거 행위 이전에 증인의 자질에 초점을 맞춘다. 하나님의 선교에 동참하는 일은 우리가 그분을 위해 많은 일을 열심히 하는 개념이 아니라, 그리스도에게 붙어 그분을 닮아 가는 선교적 존재라야 가능하다. 그리스도는 우리 존재와 사역의 모델이시다. 구원은 죄와 타락으로 망가진 하나님의 형상이 회복되는 개념인데, 그리스도의 성육신은 원래 하나님이 창조하신 완전한 인간의 모습을 구체적으로 보여 주시는 모델이다. 기독교 영성은 종교성이 아니라 그리스도를 닮는 것이다.

그리스도를 닮는 존재로부터 그리스도를 본받는 사역의 열매가 나온다. 교회의 선교는 하나님의 선교로부터 흘러나오는데, 성부 하나님이 성자 그리스도를 보내시는 성육신 사건에 그 원리가 담겨 있다. 성육신은 동일화와 통전성이라는 두 핵심 원리를 제시한다. 하나님이 자신의 지위와 권리를 내려놓으시고 인간이 되신 사건은 기독교의 핵심 덕목인 겸손의 극치이자 소통을 위해 피전달자의 눈높이를 맞추는 동일화 원리의 모델이다. 또한, 영원한 진리이신 말씀(로고스)을 사변적으로 설명하시기보다 살과 피를 입혀 구현하신 성육신은 언행이 일치하는 통전적 소통의 원리를 가르친다. 하나님이 소통 방식으로 택하신 성육신 원리가 그분의 선교에 동참하는 교회의 선교에 구현되어야 한다.

현대 교회가 전도와 선교를 언어(증언) 차원으로 환원하는 것은 성육신이 가르치는 두 원리를 모두 부정하는 오류다. 소통은 단순한 정보의 전달이나 일방적 선전이 아니라, 언어와 비언어를 아우르는 인격적 교감을 통한 양방향 통행이다. 피전달자를 이해하고 배려하며 눈높이를 맞추기보다 전달자가 일방적으로 외치는 것은 소통이 아니라 불통이다. 굳이 성경적 원리를 거론하지 않더라도, 일상에서 일어나는 소통은 메시지와 메신저의 통전성을 요구한다. 제자도의 핵심인 산상수훈에서 주님이 세상에게 복음의 내용을 설명하라고 하시지 않고 존재와 삶으로 복음을 구현하는 '소금과 빛'이 되라고 주문하시는 이유다. 세상에 속하지 않는 하나님 나라 백성으로서 어두운 세상의 빛으로 부패한 세상의 소금으로 존재하고 살아가는 게 성경이 가르치는 선교적 증인의 본질이다.

성찰과 토론을 위한 질문

1. 선교적 존재라야 선교적 사명을 감당할 수 있다. 선교적 존재란 그리스도를 따르는 제자를 가리키며, 그런 제자에게 비로소 열방을 제자 삼으라는 선교적 위임령이 주어진다. 마가복음은 그것을 그리스도와 동행하는 제자를 보내시는 개념으로 설명한다. "이에 열둘을 세우셨으니 이는 자기와 함께 있게 하시고[동거동행] 또 보내사[선교적 위임] 전도도 하며 귀신을 내쫓는 권능도 가지게 하려 하심이러라"(막 3:14-15). 존재와 사명(선교)은 선후 관계이기도 하지만, 통전적 하나로 이해해야 한다. 성경이 가르치는 존재와 삶과 사역의 통전성에 대한 생각을 서로 나누어 보라.

2. 우리에게 친숙한 마태복음의 말씀, "나를 따라오라. 내가 너희를 사람을 낚는 어부가 되게 하리라"(마 4:19)의 주어가 그리스도이심을 주목하자. 일정 기간 주님을 따르며 학습 과정을 수료한 후 독자적으로 사람을 낚는 어부가 된다는 말이 아니라, 사역의 주도권이 처음부터 끝까지 주님께 있다는 의미다. 우리가 평

생 지속적으로 그리스도를 따르면(포도나무에 붙어 있으면) 그분이 그분의 때에 그분의 방식으로 우리를 통해 사람을 낚는(포도 열매가 맺히는) 일을 이루신다. 나에게 기독교 영성의 진수를 가르쳐 준 또 다른 스승 오스왈드 챔버스(Oswald Chambers)는 이렇게 말한다. "주님의 제자도 개념은 우리가 하나님을 위해 일하는 게 아니라, 하나님이 우리를 통해 일하신다는 것이다." 이 개념이 당신의 선교적 사명에 함의하는 바를 다른 그리스도인과 나누어 보라.

3. 그리스도가 우리 존재와 사역의 모델이라는 말은 당신에게 구체적으로 어떤 의미로 다가오는가? 성경은 우리가 그분 같은 존재가 되어 그분처럼 살아가고 사역하도록 가르치는데, 그 놀라운 가르침이 지금까지 당신이 생각해 온 신자의 존재 및 삶과 어떻게 대조되는가?

4. 성육신의 두 원리, 즉 동일화 원리와 통전성 원리는 복음의 증인인 당신의 삶의 모습과 태도가 어떠해야 한다고 요구하는가? 특히 탈종교 시대를 맞아 그간 전도를 주로 말(증언)로 환원했던 현대 교회의 증거 방식이 어떻게 달라져야 한다고 생각하는가? 그 근거는 무엇인가?

나가는 말

들어가는 말에서 언급한 대로, 내가 지난 40여 년간 선교적 시행착오의 여정을 거치면서 조금 깨달은 선교의 본질 일부를 조심스럽게 나누어 보았다. 수년 후 이 책을 되돌아보면 손대고 싶은 내용이나 관점이 더러 있을 것이다. 부족한 깨달음과 오류의 가능성을 겸허히 인정하면서도 이런 글을 쓰는 까닭은, 유사한 순례길을 걸어가는 수많은 믿음의 동지를 위해 작은 이정표 하나 세워 두기 위함이다. 그것을 참고할 것인지 여부는 각자의 선택과 결정에 달려 있다.

    나의 일천한 경험을 근거로 선교 전반을 논하려는 의도는 처음부터 없었다. 경험도 중요하지만, 경험으로 텍스트를 대체해서는 안 되기 때문이다. 사실, 건강한 선교를 이해하기 위해서는 진리의 계시인 성경책 한 권으로 충분하다. 하지만 인간의 빗나간 선입견과 자기중심적 편향성이 텍스트마저 자의적으로 왜곡하는 경우가 다반사인 게 문제다. 결국 다양한 상황을 통한 크고 작은 각성이 성경을 다시 보게 만들고, 그때마다 성경적 선교의 본질에 한 걸음 더 다가가게 된다. 따라서 나의 시행착오를 통해 거듭 새로워진 선교적 이해를 이 책에 담아내려 노력했다.

그간의 깨달음에 따라 바람직한 선교 운동의 미래를 향한 한 가지 핵심 원리를 꼽아 본다면, 건강한 수동성과 능동성이 아닐까 싶다. 기독교는 사람이 만들거나 발견한 종교가 아니라 창조주 하나님이 우리에게 다가와 만나 주신 종교라는 점에서 우선적으로 수동성의 종교다. 요한이 말하듯, 우리가 먼저 하나님을 사랑한 게 아니라 사랑 자체이신 그분이 먼저 우리를 사랑하셨다(요일 4:7-10). 우리가 감히 하나님을 사랑한다고 고백하는 것은 사실 자발적 능동성이라기보다 그분의 사랑에 반응하는 맞고백이라는 점에서 수동적이다. 은혜란 말은 본질적으로 수동성을 일컫는다. 수동성은 우리의 전적 타락과 무능을 가리키고, 은혜의 절대적 필요를 드러낸다. 우리가 능동적으로 공로를 쌓아 구원에 이르는 종교라면 은혜가 아니다.

그런데 은혜의 수동성은 능동적 사랑의 반응으로 우리를 이끈다. 사랑의 상호성 때문이다. 그리스도의 사랑이 우리를 강권하신다(고후 5:14). 그래서 우리의 '하나님 사랑, 이웃 사랑'은 수동적임과 동시에 능동적이다. 내주하시는 그리스도의 성령이 우리 안에 전인격적으로 작동하셔서 그분의 뜻을 따르고자 하는 의지를 주시고 기꺼이 순종하게 하신다. "하나님은 여러분 안에서 활동하셔서, 여러분으로 하여금 하나님을 기쁘게 해 드릴 것을 염원하게 하시고 실천하게 하시는 분입니다"(빌 2:13, 새번역). 그래서 우리는 이제 능동적으로 그분을 맞사랑한다. 우리를 향한 그분의 위대한 사랑에 견줘 보면 턱없이 부족하지만, 우리는 감히 그분을 향해 사랑을 고백한다.

십자가의 고난을 통과하시는 주님을 부인하고 심지어 저주하는 부끄러운 시행착오를 통과한 베드로에게 부활하신 주님이 "네가 나를 사랑하느냐?"라고 세 차례나 물으셨다. 그때 감히 긍정하지 못하고 세 번 모두 "내가 주님을 사랑하는 줄 주님께서 아시나이다"라고 대답하는 베드로의 소심함에서 수동성과 능동성이 통합된 모습을 엿볼 수 있다. 사랑의 문법으로 이해되는 수동성은 억지 춘향이 아니라 놀라운 은혜이고 감격이다. 수동성에서 발현되는 능동성은 광신적 종교 중독이 아니라 그분의 온유하고 겸손한 사랑의 속성을 닮는다.

수동성에 기반한 능동성은 건강한 선교적 원리고, 미래의 선교 운동이 추구해야 할 지향성이다. 앞서 살핀 대로, 하나님의 사랑에 반응하는 '하나님 사랑, 이웃 사랑'이 성경 계시의 전모이기 때문이다(마 22:37-40). 하나님의 방식에 의존하는 수동성에서 출발하지 않은 종교적 능동성이 성경 시대와 교회 시대를 어둡게 하는 흑역사의 주범이었다. 그리스도를 십자가로 내몬 종교적 유대인들의 문제도 열심이 부족한 것이 아니라, 하나님의 진리로부터 출발하고 반응하는 수동성이 부재한 데 기인했다. "그들이 하나님께 열심이 있으나 올바른 지식을 따른 것이 아니니라"(롬 10:2).

세상이 스스로 더욱 어두워지는 게 아니라 빗나간 종교가 세상을 어두운 상태로 내버려둔다. 타락 이래 세상은 항상 어두웠기 때문이다. 5장에서 살핀 대로, 문제는 세상이 어두운 데 있기보다 교회가 빛이 아닌 데 있다. 참 빛이신 그리스도께 붙어 있지 않은 능동적 종교가 문제다. 율법사들과 바리새인들의 종교적 능동성은 정작 그들이 그토록 대망했던 메시아를 죽이는 참사로 이어졌고, 바리새파 율법사 바울이 하나님을 위한다면서 교회와 그 머리되신 그리스도를 핍박하는 모순에 빠진 이유다. 중세 교회가 하나님의 관심사가 아닌 물리적 '성전'과 지리적 '성지'를 회복하겠다며 십자군 전쟁을 일으킨 것도 수동성에서 출발하지 않은 종교적 능동성의 흉측한 결과다.

'불타는 열정'이나 '흔들리지 않는 확신'이 중요한 게 아니라, 하나님의 말씀에 기대는 두렵고 떨리는 수동성이 먼저 회복되어야 한다. 하나님이 요구하시지 않은 열심과 주관적 확신을 하나님의 뜻인 양 우기는 능동적 광기는 사라져야 한다. 원래 열정(passion)은 라틴어 '파시오'(*passio*)에서 나온 수동성(passivity)을 일컫는 말이다. 성경적으로 그리스도의 수난을 가리키는 이 단어는, 앞에서 언급한 대로 성자께서 억지로 십자가를 지셨다는 의미가 아니라 성부 하나님의 영원하신 뜻에 기꺼이 전적으로 순종하신 사실을 가리킨다. 그런 의미에서 나는 현대 교회와 선교 운동의 어휘에서 '열정'이나 '확신'이란 말이 순화되기 바란다. 수동성에서 흘러나오는 건강한 능동성은 혈기 등등했던 다메섹 도상의 바울이나 십자군 전쟁을 선동한 교황 및 종교 지도자들의 광기를 닮기보다 온유와 겸손과 건강한 두려움이 그 특징이 될 것이다. "나는 마음이 온유하고 겸손하다. 내 멍에를 메고 내게 배워라. 그러면 너희 영혼이 쉼을 얻을 것이다"(마 11:29, 현대인의성경).

    신앙 공동체를 통해 종교가 아닌 그리스도께서 드러나시고, 그리스도의 몸인 교회를 통해 선교의 하나님이 그분의 선교를 "거침없이"(행 28:31) 펼쳐 가시는 미래를 꿈꿔 본다.

하나님 나라와 하나님의 선교

초판 발행 2024년 4월 23일
초판 4쇄 2025년 4월 30일

지은이 정민영
펴낸이 정모세

편집 이성민 이혜영 심혜인 설요한 박예찬
디자인 한현아 서린나 | 마케팅 오인표 | 영업·제작 정성운 이은주 조수영
경영지원 이혜선 이은희 | 물류 박세율 정용탁 김대훈

펴낸곳 한국기독학생회출판부 | 등록번호 제2001-000198호(1978.6.1)
주소 04031 서울시 마포구 동교로 156-10
대표 전화 (02) 337-2257 | 팩스 (02) 337-2258
영업 전화 (02) 338-2282 | 팩스 080-915-1515
홈페이지 http://www.ivp.co.kr | 이메일 ivp@ivp.co.kr
ISBN 978-89-328-2241-9

ⓒ 정민영 2024

책값은 뒤표지에 있습니다.
무단 전재와 복제를 금합니다.